岸见一郎
解读沉思录

〔日〕岸见一郎 —— 著

渠海霞 —— 译

南方传媒 广东人民出版社

·广州·

我有一本多年来慢慢积累而成的笔记，是阅读古罗马皇帝马可·奥勒留所写的《沉思录》时记下来的。再次翻出来读，发现自己受奥勒留的影响竟然如此巨大。本书即根据该笔记所著。

第一次读《沉思录》已经是很久以前的事情了。我母亲曾突发脑梗死病倒住院。当时还是学生的我决定去医院照顾母亲，但如此一来就产生了一个问题，那就是我不能去上研究生院的课或者参加研讨会了。所以，为了不落后于研究生院的同伴，那时正在研究希腊哲学的我将柏拉图的著作带进了病房。我同时还带上了《沉思录》，因为上课的时候往往只有读希腊哲学文献的时间，我打算利用在病房照顾母亲的机会读一读平时没时间读的书。

　　至今也不清楚那时为什么会选《沉思录》，也许是想起我之前非常喜欢读精神科医生神谷美惠子的书，而她学习了希腊语，并在工作和家务之余翻译了奥勒留用希腊语写成的《沉思录》。

　　《沉思录》诞生的背景将在第一章加以介绍，这部奥勒留记录自己日常沉思的备忘录并非一本系统性的哲学著作，绝对谈不上容易读。宽泛地说，该书是人生论，但或许有人对人生论并没有什么兴趣。

　　今天，人生论似乎已经过时，甚至会被说并非哲学之正道，但我认为人生论才是哲学的根本问题。何谓人生，对人来说幸福是什么，这样的问题自古希腊以来就是哲学的中心课题，对奥勒留来说也是如此。

　　母亲住院的时候，我正参加关西医科大学森进一老师在自己家里举行的柏拉图读书会，但由于要照顾母亲无法再继续参加了。我打电话告诉老师说暂时不能去参加读书会了，老师对我说："这正是哲学发挥作用的时候！"在哲学被普遍认为无用的当时，老师的话给我留下了深刻印象。

　　看着躺在死寂病床上的母亲，我深刻思考了一些人生问题，比如，人在像我母亲那样身体动弹不得甚至丧失意识时是否依然具有生存意义？对人来说，生存的价值或意义究竟是什么？等等。

关于此类问题，奥勒留这样写道：

> 原文
>
> 一切都如梦幻泡影，转瞬即逝。记忆者和被记忆者皆是如此。（四·三十五）
>
> 很快你就会忘记一切。并且，你的一切也很快就会被忘记。（七·二十一）

母亲病倒之前我也曾笼统地想过未来人生，但在母亲病床前读着奥勒留的话，我常常会陷入沉思：是啊，的确一切都如梦幻泡影般转瞬即逝，如果母亲走了，我或许终有一天也会忘记母亲以及照顾母亲的这些日子吧。这样的我若是离开了这个世界，慢慢也不再被任何人想起。倘若这就是人生，那活着究竟是否还有意义？

不久，母亲去世，我又回到了研究生院，但我感觉原本以为铺在面前的人生轨道消失了，自己似乎一下子偏离了原本的人生。一言以蔽之，我不再去追求所谓成功的人生。之前虽然也一直打算过与金钱无缘的人生，但却依然有成为大学教授之类的雄心壮志。可是，这次连那样的雄心也消失殆尽了。克服母亲去世带来的冲击，下定决心过一种与之前不同的人生，从这个意义上来讲，诚如老师所言，哲学发挥了极大作用。

我曾经学过柏拉图的哲学，但陪母亲住院期间读的《沉思录》却远比柏拉图哲学更令我思考人生。

《沉思录》中有很多文章记述了对死亡的思考。读《沉思录》，我不得不去思考死亡，并且还是在丧失意识的母亲面前。

尼采的《查拉图斯特拉如是说》中有这样一个故事。故事自"享受了十年孤独依然毫不厌倦"的查拉图斯特拉下山开始。有一天，查拉图斯特拉寻找泉水的时候来到了一片绿茵上。那里，少女们正手拉着手翩翩起舞，看到他之后，大家停了下来。查拉图斯特拉十分友善地走过去说：

"姑娘们，不必停下你们的舞步！我不是目露凶光地来扫你们兴的。我不是敌人……的确，我宛如一片森林，又似幽暗林中的一片黑暗。但是，不惧怕我的黑暗的人，将会在我的柏丛下觅得美丽的玫瑰之坡。"

这里所说的"幽暗林中的一片黑暗"是死亡的比喻。死亡，只要活着就无法体验到。即便有人经历过濒死体验，也没有人曾死而复生，所以，人只要活着就无法了解死亡并将其作为自己的体验。

但是，即便不是自己死亡，一旦目睹他人的死亡而认识到人生的终点是死亡之后，就再也回不到从前了。之前认为有价值的东西，例如金钱或名誉等，这时就会明白其毫无价值。我之所以觉得原本铺在眼前的人生轨道似乎一下子消失了，就是因为这一点。

不过，即便如此，也没有必要认为死亡多么可怕，是打断快乐舞步的黑暗。查拉图斯特拉说："不惧怕我的黑暗的人，将会在我的柏丛下觅得美丽的玫瑰之坡。"不必停止跳舞！纵然人生的最后有死亡在等待，跳舞的人依然可以继续舞在"当下"。为什么这么说？怎样才能从容地继续起舞？

奥勒留，还有我，一直在思考。奥勒留之所以反复书写、不断追问，是因为，不仅仅是死亡，很多问题都没有标准答案。读者也必须和奥勒留一起思考。

作家金衍洙说翻译是最"深层的阅读"。因为，如果想要翻译的话，即使非常短小的文章也必须弄清楚其中的来龙去脉。

即便不是进行翻译，想要读原文的时候，抑或，即使不是阅读原文而是想要通过译文阅读的时候，如果仔细品读，往往也会产生一些疑问。

"文学并没有什么正确答案，所以，如果反复思考发问的话，总有顿悟的时候。用这样的方法就可以领会到其中所蕴含的意义。"（金衍洙《青春合集》）

哲学也是一样，没有所谓的"正确答案"。说没有，或许有言过其实之嫌，但如果认为已经知道了答案，就会忽略一些东西。

金衍洙的一篇小说中有位图书馆馆长，先天性白内障致其左眼几近失明，他只能用右眼看书。

"那时我只选一些无法概括归纳的书阅读。因为我当时想，万一眼睛看不见了就无法再读书，而那些实用书或畅销书请读过的人将内容概括一下告诉自己就可以了。"（《世界的尽头，我的女友·奔月的喜剧演员》）

我认为《沉思录》也是"无法概括归纳的书"，只能一点儿一点儿地仔细品读。我也没有概括归纳《沉思录》的内容，只希望拿到这本书的人能够借助奥勒留的话去思考人生。

此外，本书中所引用奥勒留的话皆由我译自希腊语原文。

目 录
Contents

Chapter 1

奥勒留
与《沉思录》

本章将介绍
马可·奥勒留是什么样的人，
以及他所留下的
《沉思录》是什么样的书。
为什么明明是罗马皇帝
却用希腊语记述？
为什么书中频繁使用"你"
这样的呼语？
我们也来思考一下这些问题。

~

奥勒留其人

《沉思录》的作者是罗马帝国第十六代皇帝马可·奥勒留·安东尼（121 年生，161—180 年在位）。奥勒留是罗马帝国统治鼎盛期的皇帝之一，只是当时的罗马帝国，在持续了约 200 年的繁荣与和平之后，初现衰微之势。奥勒留担起了艰难的帝国舵手之责。

奥勒留是罗马五贤帝[1]的最后一位，他统治时，水灾瘟

1　编者注：公元 96—180 年，罗马帝国有五位贤明的君主，分别为涅尔瓦、图拉真、哈德良、安东尼·庇护和马可·奥勒留。在他们的治理下，罗马帝国国力空前强盛，因此这五位君主被后世称作五贤帝。

疫横行，四方边境开始有蛮夷侵入，帝国已经失去昔日荣光，皇帝也不再拥有昔日的无上权力。并非因为是皇帝便握有实权，所以，皇帝绝不是一个自由的身份。

只有在脱离白天的政务，独自一人待在卧室之时，奥勒留才能获得片刻自由。就像后面将看到的那样，皇帝自己也要奔赴战场，他在露营帐篷里借着微弱的烛光写成了《沉思录》。

奥勒留出生在罗马帝国的名门世家。那是一个贤帝辈出，罗马帝国讴歌和平与繁荣的时代。奥勒留原本的乳名叫马库斯·安尼乌斯·维鲁斯，自成为皇帝家养子之时起，开始称奥勒留。

他的父亲维鲁斯三世[1]曾担任过大法官，他在奥勒留三岁时去世。失去父亲的奥勒留依照当时的惯例由祖父维鲁斯二世抚养。而维鲁斯二世是当时的皇帝哈德良的亲信。皇帝非常喜爱年幼的奥勒留，似乎想要让奥勒留将来当皇帝。

1　编者注：奥勒留的爷爷、父亲，乃至奥勒留本人，都与其曾祖父同名，为方便区分，在文中将奥勒留祖父称为维鲁斯二世，将其父称为维鲁斯三世。

　　热心于教育的外祖父[1]路西乌斯·卡提利乌斯·塞维鲁并未将七岁的奥勒留送去普通的学校，而是找来一流学者当奥勒留的家庭教师，让他在家里学习。奥勒留学了希腊语、拉丁语、音乐、数学、法律、修辞学等，其中最令他感兴趣的是哲学。

　　十四岁的时候，奥勒留与皇储卢修斯·可欧尼乌斯·康茂德的女儿可欧尼乌斯·法比娅订婚。不过，卢修斯突然离世，之后奥勒留又成了新皇储安东尼·庇护的养子。

　　皇帝哈德良去世之后，继承了帝位的安东尼·庇护便让奥勒留与法比娅解除婚约，与自己的女儿小法乌斯提娜订婚，并将奥勒留指定为下一任皇帝。据说当时十八岁的奥勒留并不感到开心，反而觉得非常恐惧。一是因为他想要当哲学家的人生道路被阻断了；二是奥勒留耳闻目睹了宫廷内的诸多乱象，大致也能想象得到未来人生会有什么样的烦心事在等着自己。

　　即便如此，奥勒留还是献身于公务，庇护帝去世之后，

1　编者注：日语原文为"曾祖父"，疑有误。

四十岁的他继承了帝位。即位之时，奥勒留还让同为庇护养子、小自己九岁的卢修斯·维鲁斯来共同统治。两位正帝共同统治，这还是罗马历史上的第一次。

如果奥勒留渴望活成一名哲学家，当时也可能会让位给卢修斯，然后潜心研究哲学，但他没有这么做，或许出于两点考虑：一是认为这么做会违背哈德良和庇护两位贤帝的意愿；二是觉得自己应该顺应命运安排，完成应尽的义务。

等待奥勒留与卢修斯共同治理的是接连不断的天灾和四方边境的外敌入侵。皇帝也要亲自率兵奔赴国防前线。某次亲自率兵远征之后，在返回罗马的途中，卢修斯突然离世，时年四十岁。二帝共同统治八年后，这种统治方式随着卢修斯的去世而终结。

奥勒留虽然育有十四个孩子，但大多夭折，长大成人的只有五个女儿和一个儿子。他的妻子——皇后法乌斯提娜（安东尼·庇护的女儿）被士兵们尊为"阵营之母"，也在随军期间突然逝世，时年四十五岁。据说奥勒留就是从这时候开始写《沉思录》的。

奥勒留任命自己十五岁的儿子为共治帝，作为卢修斯的继任者。这个儿子就是后来因为施行暴政而被暗杀的康茂德。也有历史学家指出，打破选贤才为继任者的惯例，让自己无能的亲生儿子继任皇位是奥勒留犯下的唯一错误。也许奥勒留在做这个决断时作为父亲的一面最终占了上风吧，他心中突然就想，明明有自己的亲生儿子，为什么要让其他人继位呢？

仅仅与康茂德共同统治了两年，奥勒留就病倒在前线的军营中。据说，奥勒留感觉自己的病治不好之后，便拒绝饮食，也不吃药，四日后便离开了人世，时年五十九岁。

斯多葛哲学

奥勒留自少年时代起一直最钟情、最喜欢的就是古希腊的斯多葛哲学。斯多葛哲学的鼻祖是出生于塞浦路斯岛基提翁的芝诺，"斯多葛"一名来源于他经常在雅典的列柱廊（斯多葛）讲课。英语的"斯多葛派"（stoic）就以此为词源。

斯多葛派的思想系统大致分为三个时期，奥勒留算得上是后期斯多葛派的代表人物之一。奥勒留尤其受到了同为晚期斯多葛派代表人物的爱比克泰德的影响。出生于小亚细亚的爱比克泰德虽是奴隶出身，但后半生在希腊教授学生。

爱比克泰德的晚年正是奥勒留受哲学影响的少年时代，但奥勒留并非直接受教于爱比克泰德，而是通过恩师罗斯提克斯的藏书了解了爱比克泰德的思想。

下节将会写到《沉思录》是一本什么样的书，虽然有人评价该书还不足以作为斯多葛哲学的研究资料，也有人认为其思想内容缺乏独创性、过于中庸等，但这些对于并非研究者的大众读者来说并不是问题。因为，不管受到了谁的影响抑或如何理解，唯一重要的是，读者自己在了解了奥勒留所思所想及偶尔的彷徨之后，学会自己去思考。

写给自己的备忘录

奥勒留忙于征战期间，在野营帐篷里借着微弱的烛光将自己的所思所想记录下来，这就是《沉思录》。《沉思录》是奥勒留写给自己的私人笔记、备忘录，当时并没有打算公开出版。

在日本，该书以《自省录》这一名称被人所熟知。但这本书的书名却并非奥勒留本人所起。可能是由后世之人为该书起的名，但是由谁在什么时候起的，却并不清楚。

希腊语的原书名是"Tὰ εἰς ἑαυτόν"。Tὰ 是冠词的复数形式，相当于英语的 the，ἑαυτόν 是"自己自身"之意，但如何翻译 εἰς 却是一个问题。εἰς 相当于英语中的 into，是"到……里面"的意思，但也可译为"为了……"。因为冠词后面的名词被省略掉了，所以，如果补上"为了自己的"之类的语句，就成了"写给自己的备忘录"这样的意思。

奥勒留所写的原书并未留存下来。虽然有复刻本，但复刻本也是手工抄写的，所以会有遗漏、误写。

抄本一旦旧了就会被重新抄写，据说最古老的抄本是奥勒留去世约八百年之后的十世纪时所制。不仅仅是《沉思录》，所有写在羊皮纸或莎草纸上面的抄本都非常脆弱，很难进行物理保存，一旦保存状态不佳就无法解读，有时也会遭遇火灾或抢掠之类的厄运。今天我们能读到奥勒留所写的东西可以说是一个奇迹。

直到十六世纪后半叶，希腊语原文与拉丁语译文的对译本才被铅版印刷发行。之后，这本书的翻译出版活动在欧洲各国推广展开。

就内容而言，全篇都是关于"我"的话题，并没有写到周围发生的事件或相关人物的名字，也只提到很少的一些地名，政治性完全等于无，所以，尽管是皇帝写的东西，但并未被焚烧陪葬。之所以能够成为经典流传后世并长期被人们所追捧，就是因为读者在《沉思录》中看到了值得流传后世的价值与普适性。

奥勒留用希腊语写了《沉思录》。奥勒留是罗马人，但他却并没有用母语拉丁语而是用希腊语写，这是因为他所依据的斯多葛哲学的术语是希腊语。当时的哲学用语以希腊语为主流，不从希腊语翻译成拉丁语而是直接使用反而更简单。

如果想给别人读或许就用拉丁语写了，但如果是只为了自己而写，就没有必要用拉丁语写。

之所以用希腊语写也可能是不想让他人看。理由暂且不论，如果有人看到皇帝用自己读不懂的语言在笔记上写了什么，可能就会害怕，猜想那究竟写的是什么而感到不安。

石川啄木留下了用日文罗马字写的日记。他为什么要用日文罗马字写日记呢？

"Yo wa Sai wo aisiteru；aisiteru kara koso kono Nikki wo yomase taku nai noda."（我很爱妻子；正因为爱她，才不想让她看这本日记）日记中的确写到啄木不想让妻子看到自己的日记。

但是，石川啄木曾否定这是他用日文罗马字写日记的原因，说这只是一个"玩笑"。法国文学研究者桑原武夫说啄木通过采用日文罗马字这种表记法能够摆脱三种压抑：（1）在不愿被家人读到这一意义上摆脱精神的以及伦理的压抑；（2）摆脱日本文学传统的压抑；（3）进一步摆脱包含这些在内的社会的压抑。

所谓摆脱日本文学传统的压抑，意思是说，一旦用日文罗马字进行表记，写的内容本身也会发生某些变化。桑原武夫说用日文罗马字写在新笔记本上之后，啄木的日记突然变得描述精确，心理分析也深刻起来。

韩国作家韩江在接受采访时说，如果用韩语写小说，由于语言会与历史、过去以及各种复杂情绪纠缠在一起，就会过于沉重。她用法语写的小说透着一种从母语的沉重感中解放出来的普适性与明快感。

用日文罗马字表记的情况终究还是同为使用日语，所以，这与用外语写小说还是有所不同，但啄木或许也通过这种方式获得了与之相似的解放感吧。

如此想来，奥勒留虽然非常精通希腊语，但他用希腊语写作并不单单是因为使用斯多葛哲学用语比较便利，或许还认识到了与用母语写作所不同的表现力。也就是说，或许奥勒留是为了审视自己的内心，记述自己的思想，才特意使用了希腊语这一外语。

还有一点值得思考，由于是只为自己而写的笔记，《沉思录》有很多难懂之处。如果是打算公开出版的书，写成之后势必会加以修改。即使作者不想重写，校对者也会严格地要求修改。

和辻哲郎有一本书叫作《古寺巡礼》。据和辻说，这本书收录的是他二十几年前到意大利旅行时，在途中的宾馆里随意写下的私人信件。原本打算进一步思考检查使其更加完善，但长期搁置之后，除了写的事情，其他竟都忘记了，根本无从着手。所以，和辻说只稍微修改了一下文章细节，其他都保持了原样，但实际上还是做了相当大的改动。

　　修改后的文章确实变得更容易读了。而且因为是写给妻子的私人信件，也不得不删除了信上写的私密话语。和辻写给妻子的这些信件在《给爱妻和辻照的信》中被公开出版。实际上这些信应该也被校正过了，在我的印象中，原来的信件更多地吐露了和辻的感情，要有趣得多。

　　不过，信件往往是写给某人的，比如和辻的信件就是写给妻子的，但《沉思录》却是奥勒留写给自己的。一方面，如若只要自己明白就可以，也许就没有必要事后再进行修改。另一方面，因为谁都不会读到，所以写的时候就能够毫不掩饰地吐露真情实感。

"你"这一呼语

　　也许有人会觉得《沉思录》可能是皇帝写的箴言集之类的书，而自己又不愿听被称为贤帝的道德家说教，于是便不想去翻看。但是，只要稍微读一下就会明白，《沉思录》并不是那种书。奥勒留并不是想要对他人宣讲自己的主张或者说教，他是为了审视自己的内心、反思自己的行为、警醒自己才写了这部笔记。

我也曾将当天做的事情写在笔记上。但是，一旦不仅仅是记下那天见了谁，而是试图写下与那个人见面时我的所思所想以及对其的看法时，即便知道谁都不会读自己写的东西，也会有所顾虑。对他人否定性的话自不必说，就连诚实地写自己也会犹豫。但是，奥勒留似乎如实地写出了自己的所思所想。来看一看奥勒留是怎么写的吧。

> 原文　　当天亮了但却懒得起床时，要马上这么想："我醒来是为了去做一个人该做的工作！"我就是为此而生的，就是为了它们而被领进这个宇宙，又有什么可以抱怨的呢？难不成我来到世间就是为了躲在被窝里取暖吗？
>
> 　　"不过，还是躲在被窝里舒服啊！"另一个声音在心中纠缠。

那么，我生来就是为了享受的吗？也就是说，生下来是为了被情绪左右，还是为了用意志主导行为？你难道就看不见吗？植物、麻雀、蚂蚁、蜘蛛、蜜蜂都勤勤恳恳地各尽其职，组成一个秩序井然的世界。即使这样，你还是不想去尽一个人应尽的责任吗？你还不赶快去完成自然赋予你的使命吗？

"但是，休息也是需要的啊！"一个声音在心中升起。

这一点我也同意。然而，自然也对此设定了限度，就像自然也为人设定了饮食限度一样。尽管如此，你已经突破这个限度，超过了满足的限度。可在工作方面你却又不这样了，总是不愿多做。

那是因为你不爱你自己。因为，若非如此，你就会爱你的本性及其意愿。（五·一）

奥勒留称呼自己为"你",与自己对话。在这段引文中,他先是问自己"难不成我来到世间就是为了躲在被窝里取暖吗?",然后又抗拒说"不过,还是躲在被窝里舒服啊"。后面会加以分析,这里所谓"自然赋予你的使命",意思是说"理性"发出的命令。

一旦用语言向外发话,他人就会用语言做出回应。"对话"在希腊语中叫 διάλογος,其原意是"交换 λογος"。"λογος"是"语言",也有"理性"之意。

思考是自己与自己进行的内在对话。对于自己无声的内心语言,自己做出回应。当然可以只在大脑中思考,但如果将所思所想写在笔记上,那思考就会被可视化。

为什么需要这么做呢?因为,自己与自己进行的对话怎么都会比与他人之间的对话要温和。为了防止这种情况发生,有必要将作为内在对话的思考外化为语言。写在笔记上是为了将思考外化。有些事情,即使在头脑中认为已经明白了,一旦写出来就会知道其实并不明白。另外,倘若觉得即使明白了也很难付诸实践,那就可以试着写一写为什么会这么想,如此一来就能看出为什么难以付诸实践了。

　　奥勒留写笔记时称呼自己为"你"，借助这种方式，他可以更客观地看待自己，并尽可能将容易过度温和的自我内在对话变得像与他人的对话一样严肃。

　　为了验证自己不仅仅正确理解了斯多葛哲学，还能将其进一步付诸实践，奥勒留毫不伪装地坦诚写下了自己的所思所想。正因为如此，奥勒留可能并未想到自己之外的人会读到这本笔记，读着他留存后世的笔记的我却能与之产生共鸣。

　　读《沉思录》的时候，奥勒留明明是对着自己说"你"，但作为读者的我们却有一种被奥勒留呼吁的感觉。翻译了《沉思录》的神谷美惠子说：

　　"在这本书中，皇帝是在跟自己对话，但不可思议的是，我却觉得那就是在对我说。"（《遍历》）

　　听到了奥勒留呼吁的我，自然也不能保持沉默。

发现真实的自己

原文　　强求不可能之事是一种疯狂行为。但糊涂之人往往很难避免去做一些这样的事情。

（五·十七）

这里并没有写"这样的事情"究竟是什么，但比起达观，从中读出的似乎是些许的蔑视。如果写出此处被省略掉的三段论法的结论，或许如下所示：

"所以，要求糊涂之人不去做糊涂之事也是一种疯狂行为。"

原文　　即便你怒不可遏，他们依然会去做那样的事。（八·四）

这一点在后面再一次被提出，或许奥勒留也有忍无可忍最终发火的时候。但他并没有肯定那样的自己。

原文 　　或许你很快就会离开这个世界。可是，你还不能做到淡定从容、表里如一，无法摈弃担心遭受外界侵害的疑虑，难以对所有人都满怀善意，尚不能坚信智慧仅在于做正义之举。（四·三十七）

发现真实的自己是一件非常困难的事情。但奥勒留却坦诚地写出了自己尚且做不到的事情，对此，我无比佩服。如果写成"必须要淡定从容、表里如一"，我或许会觉得那是在说教。

> **原文**
>
> 　　你辱没了自己啊，我的灵魂！你恐怕已经不会再有尊重自己的时机了！因为，生命对任何人来说都只有一次，而你的人生即将终结。但你却依然不懂尊重自身，而是将自己的幸福寄予他人的灵魂之中。（二·六）

"将自己的幸福寄予他人的灵魂之中"，这句话的意思后面会加以分析，引起我注意的是奥勒留在这里向自己抛出了"你辱没了自己啊"这样的激烈言辞。辱没自己是与尊重自己（即自己的内在精神）完全相反的事情。

也有人指出，奥勒留应该不会写出这样的话（"你辱没了自己"），但如果不能尊重自己（内心），为了批判现实的自己，奥勒留对自己说"你辱没了自己"，我觉得这也具有合理性。

就像后面会看到的那样，承认无法做到从容淡定，不为任何事扰乱心智，这就意味着他并未学透长期以来一直学习实践的斯多葛哲学。

奥勒留说到不会为外界所侵害。为什么如此后面会看到，但自己并不会因为外界发生的事情变得幸福或者不幸。奥勒留这里是说，即便理解这一点，还是无法摒弃疑虑。

要与人为善并尽力协作，为非作歹是愚蠢行为，这也是斯多葛哲学的基本观点。可是，奥勒留在笔记上写道，即便是临近人生终点之时，自己仍然有很多事情都做不到。

质疑是哲学所需。对哲学来说，质疑远胜于人云亦云、随波逐流。至少奥勒留能够将自己的真实想法写到笔记上。

Chapter 2

由哲学来守护

本章将结合奥勒留的人生经历
来分析他所赖以生存的哲学
究竟是什么。
哲学并非一门脱离生活的学问,
它是我们思考在现实中
如何生存的指南,
具体来说是在人际关系中。

~

注重点滴进步

原文　　不要奢望柏拉图的理想国。要为点滴进步而感到满足。并且，也要认识到自身成就的微小。（九·二九）

奥勒留被认为是践行了柏拉图视为理想的哲人政治的贤帝。有历史书记载，奥勒留自己也曾说过"倘若由哲学家进行统治，或者是统治者研究哲学，国家定会繁荣昌盛"。

奥勒留多次引用柏拉图的《对话篇》，因此，他不会不知道柏拉图的"哲人王"思想。

　　柏拉图家世显赫且天资聪慧，原本当然也是打算成为政治家的，但他在遇到苏格拉底之后深受其影响。尤其是苏格拉底被处以死刑之后，柏拉图大受震撼，曾在书信中说"看到万事剧变，不禁感到天旋地转"，但那之后他并没有因对政治失望而转向哲学，而是努力思考如何能将政治和哲学相统一。

　　并且，柏拉图慢慢觉得，无论是国家的正义还是个人的正义，都可以从真正意义上的哲学中找到，这一想法进一步发展为"哲人王"思想，指出政治权力和哲学精神若不相统一，国家和人类的不幸就不会停止。

　　奥勒留上面那段话也可以理解为：他并没有因为柏拉图所倡导的哲人政治太过理想化，无法实现而放弃，而是告诫自己一定要从能够做的事情入手，逐步践行。不过，倘若奥勒留并不是发自内心地想要从事政治，并担心当皇帝会妨碍学习哲学的话，那他就不会积极地想要成为哲人王了。而从他所写的"要为点滴进步而感到满足"这句话中，我也看不出奥勒留对政治过分痴恋。

　　反观当今时代的政治就会发现，或许有为了使国家变得更好而想要成为政治家的人，但似乎试图沽名钓誉、中饱私囊的政治家也很多。我认为或许能够坚定地拒绝周围诱惑的人才能成为真正的政治家。当今时代，将自己的意愿放在次要位置，尽力为他人着想的人好像很少。

对于既不是皇帝，也不想当政治家的人来说，即使读了奥勒留的这段话或许也不会觉得跟自己有太大关系。但是，对于那些一边为了生活而耗费精力与时间去工作，一边思考在现实中如何为了幸福而活的人来说，奥勒留的这段话却可以为之提供一个指针，启发人们在现实中应该如何去定位、实现自己的理想。

有的人会说即使树立了理想也不会实现，所以，与其最后绝望，还不如一开始便不树立理想，这样的人往往会埋没在现实之中。

有助于避免陷入上面这种状况的就是哲学。哲学并不止于追认现状。即使难以实现，也要尽力探明现实如何，身处其中时又应该怎样去做，这就是哲学。

随遇而安

> 原文
>
> 　　倘若你同时拥有一个养母和一个生母，那你或许会服侍在养母身旁，但也会时常回到生母那里去探望。对现在的你来说，宫廷和哲学便分别相当于养母和生母。时常回归哲学圣殿去栖身、休憩吧！据此，你才能容忍宫廷事物，而宫廷也能更好地接纳你。
>
> （六·十二）

　　奥勒留活在想要当哲学家的理想与必须当皇帝的现实的矛盾中，那些感觉每日忙于工作而做不了自己真正想做之事的人，读了他这段话，或许能够产生共鸣。

　　即使做着自己不愿意做的辛苦工作，如果能有哲学作精神支柱，那便会拥有一个不受任何人侵扰的心灵港湾。倘若能在那里获得心灵的平静，每日的生活便不再只是痛苦的忍耐。

奥勒留不得不作为皇帝活着，而我们也无法断然放弃自己当下的生活方式。同样，即便奥勒留在现实中活得相当艰难，他也不能毅然决然地辞去皇帝一职。

我们也要面对必须为生活而劳作的现实，即便是想要辞去工作，现实中也会和奥勒留一样困难，但如果只是痛苦忍耐，那就无法活出自己的人生。明明过得不顺心，却还硬要忍耐着过，这样的人生实在太没有意义了。

即使如此，是不是不喜欢现在的工作，辞职便能解决问题呢？并非如此。那么，奥勒留的皇帝生活是不是就只有痛苦呢？也不能这么说。倘若我们自认为在工作时间里净是痛苦，真正的生活只能在非工作时间和职场之外的地方找到的话，那即使换了工作，依然会发生相同的状况。

若是奥勒留认为自己必须忍耐作为皇帝的工作，只有回到相当于"生母"的哲学那里时才能获得心灵慰藉，那他一天中的大部分时间或许都很痛苦。

但是，奥勒留似乎并不认为当皇帝的生活与做哲学家（爱智者）的生活有一方是暂时的。对此，他这么说：

> 原文　在能生活的地方就能好好地活着。而宫廷也是能生活的地方，所以，在宫廷中也能好好地活着。（五·十六）

"好好地活着"这种说法曾出现在柏拉图的《克里托篇》中。苏格拉底说"重要的不是活着，而是好好地活着"。

所谓"好好地活着"就是"幸福地活着"。古希腊语中，"好好地"名词化之后的形式"善"并不具有道德方面的含义，而是"有好处"的意思。没有人会愿意做对自己没好处的事情或者陷入不幸之中。但是，怎么做才对自己有好处，如何才能活得幸福，这并非不言自明。

在哪里生活与幸福与否并没有关系。在某个特定的地方生活既不会使人幸福，也不会令人不幸。"只要是在能生活的地方，无论是哪里都可以好好地活着。"抱着这种想法，奥勒留一边在宫廷当着皇帝，同时还下定决心当一名哲学家。

奥勒留作为政治家并没有将宫廷生活当作临时人生去过，他把宫廷里的人生也视作本来的人生。为什么这么说，后面会加以分析。

尽管如此，或许奥勒留也无法轻松克服双重生活所带来的矛盾。

> 原文　　整个人生，或者说从年轻时到现在的这段人生，已经不可能作为学者而活，岂止如此，自己甚至都已经远离哲学。对此，很多其他人清楚，你自己也清楚。这倒有助于自己摈弃虚荣心。所以，你已经被俗事所累，很难再获得哲学家的美名。你的行为原则也与之相抵触。（八·一）

奥勒留在这里想要改变自己对哲学的看法及与哲学的关系。无论是谁，如果不以某种形式与他人相关联就无法生存下去。但是，人有时会在人际关系中受伤。如果遭遇此类事件，即使有人决心不再与任何人打交道也不奇怪，人际关系真可谓痛苦之源。从表面上看，确实是人际关系中的矛盾和冲突使我们陷入不幸。

但是，生存的喜悦或幸福也只能在人际关系中获得。这并不是和谁一起生活的意思，即使一个人独自生活也能感觉到与他人之间的联系。后面会介绍奥勒留如何看待与他人之间的联系，由于人无法一个人独自生存，所以，思考幸福也是思考人际关系。

当哲学家与当研究者是完全不同的事情。奥勒留肯定知道哲学与荣誉无缘，但他说远离哲学有助于摆脱虚荣心，这令我想起自己年轻时放弃在大学研究哲学这件事。

"放弃"一词用在这里或许并不太恰当。看着躺在病床上动弹不得，甚至失去了意识的母亲，我一直在思考，人在这样的时候是否依然具有生存价值。并且，我认为思考这样的事情不需要成为研究者。

> 原文　　这是多么显而易见，再没有比你现在所处的状况更适合思考哲学了！（十一·七）

　　读了前面的引文之后，如果再读到奥勒留写的"再没有比你现在所处的状况更适合思考哲学了"这句话，就会感到奥勒留这么写是为了告诉自己回归哲学可以使心灵得到休憩，继而就能忍耐当皇帝的工作，或者是在宫廷里也能好好地活着。看了奥勒留的这段话，还会忍不住想，他当皇帝的生活与当哲学家的生活之间所产生的矛盾与冲突究竟怎么样了。后来有了在精神科医院工作经验的我，终于能够很好地理解奥勒留所说的意思了。

　　哲学会去关注何为幸福、怎样才能幸福生活之类的问题，但这种幸福无法脱离人际关系去思考。如果是空有理论的哲学家，或许会坐在书房里思考人际关系，但若想真正理解人际关系，只能参与到人际关系之中去。

　　在这个意义上来讲，对奥勒留而言，在宫廷当皇帝的生活或许能够被理解为"适合思考哲学的生活"。

懂得取舍

　　对于奥勒留来说，他必须当皇帝，但与此同时，他也无法放弃探究自少年时代起就开始学习的哲学。政治或哲学选哪一个？这样的烦恼我们一般不会遇到，但面对看似相反的两个（或者更多）选项，应该选择哪个放弃哪个之类的烦恼却会时常碰到。

　　有一种观点认为，应该放弃其中的一个（或某些）选项。虽然不可能做完所有的事情，但至少先去完成较为困难的事情，如果还有时间或余力，就再去做另一件事情，这可以说是比较现实的解决问题的方法。问题是优先做哪个，有时还要放弃哪个。

　　有位钢琴家因病卧床，他想着病愈之后还要继续弹钢琴，可过了三年病仍未治好。这位钢琴家并未放弃弹钢琴，而是放弃了等病愈能坐起来之后再去弹钢琴的念头，转而改造了一架能够躺着弹的钢琴。

关于真正的放弃，日本哲学家三木清这么说：

"只有真正懂得放弃的人，才能够真正获得希望。不愿放弃任何事物的人，也无法拥有真正的希望。"（《人生论笔记》）

需要注意的是，这里的希望和放弃都加上了"真正"之类的限定。从一开始便放弃一切的人，并不是真正意义上的懂得放弃。什么都无法放弃的人，也无法拥有真正的希望。通过放弃某些事物而在其他领域发现希望，这可以说是人生智慧。

原文

不可以因为自己无望成为精通辩证法与物理学的人，就放弃做一个爱自由、知廉耻、讲公德、敬神明的人。（七·六十七）

斯多葛哲学分辩证法（逻辑学）、物理学、伦理学三部分，奥勒留说自己放弃了前两项。

坦然承认自己有做不到的事情，这是获得真正希望的必要条件。年轻时往往会抱着很多希望，常常这也想做那也想做，但现实中有能做到与不能做到的事情，也有会实现与不会实现的梦。面对现实断然放弃的人或许也很多。

但是，如果能够感到最后留下的是自己真正希望的，这样的人生无论放弃多少梦想，或许都称得上是实现了梦想的人生。

我们总是有一些无法释怀的事情，常常遗憾地想"那时如果那么做就好了"。可是，倘若因为一直耿耿于怀，追悔未能实现年轻时的梦想，反而虚度了当下的人生，那才是真正的遗憾。

此外，人有时会明白，长期坚持的事情其实并非自己真正希望的事情。这时候，我们也只能下定决心停止之前一直在做的事情，活出新的人生。但我们往往无法轻轻松松地放弃一直做的事情，即便是自己知道这样下去多半是不行的，也无法轻易放下，常常会纠结地想"再坚持一下兴许有办法，也许会成功呢"。

有些时候，与其说是鼓励自己"再努力一下或许有办法"，更多也许是担心"开始新的选择之后也做不好"。

还有一种解决方法，那就是尽力调整，以便哪一方都能够兼顾。奥勒留就尝试了这种方法。

也就是说，奥勒留不是把哲学当作学问去研究，而是将之放在现实生活中去思考。即使放弃了研究逻辑学或物理学，不作为研究者去学习哲学，只要行为端正、"讲公德"，也就不会放弃哲学。

人际关系是哲学的重要主题。我们无法在不与人相关联的情况下学习哲学。虽然不是只要有人际关系的经验就能学（如果是那样，老人就应该都是贤哲了），但的确有很多能在人际关系中学到甚至只能在人际关系中学到的事情。

保持理性

希腊哲学家泰勒斯有一次外出观察星星。可是，他不慎掉进了水沟。这时，路人对大声哭泣的泰勒斯说：

"泰勒斯啊！你都不能看到脚下的东西，还想着能了解天上的事物吗？"（第欧根尼·拉尔修《名哲言行录》）

就像这个小故事一样，哲学家一般被认为是想要了解"天上的事物"但却脱离现实的人，而一边处理政务一边学习哲学的奥勒留则认为，置身于现实的人际关系中尽到当皇帝的义务，是思考的必要条件。

但是，即便不是奥勒留，不管是谁生活在何种状况之中，都不得不面对人际关系，抑或忍受事故或天灾，并且人的一生转瞬即逝。那么，活着的意义又是什么呢？思考这种问题的人或许在周围人看来就像只顾仰望星空的泰勒斯。

奥勒留这样描述人生：

原文　　人的一生只是一个点，存在是流变的，感觉是模糊的，整个肉体组织是容易腐朽的，灵魂是旋涡式的，命运是莫测的，名誉是不可靠的。总之，肉体方面的一切都如不断流动的河流，灵魂本身也不过是幻梦、妄想。人生是一场苦战，也是旅人的短暂逗留。所有的名誉亦终将被后世遗忘。（二·十七）

让我们一点一点地来分析奥勒留这段话的意思。他认为，一切都是变化无常的，充满着不确定性，看上去人只能活在命运的摆布之下，在这样的人生中：

原文　　能够守护我们的是什么呢？那就只有哲学。哲学可以使我们的内在灵性（神性）不受污染、不被损伤，还可以帮助我们去克服悲喜之扰，引导我们去做一个谨言慎行、真诚坦荡、不受他人行为左右的人。（二·十七）

奥勒留在这里写到哲学能够守护"我们"，哲学给了作为皇帝的奥勒留本人最大的守护。就像前面已经看到的那样，奥勒留作为皇帝的同时，也想要成为一名本来意义上的哲学家。

所谓"内在灵性（神性）"是指理性。说哲学坚守理性，也就是说，如果没有哲学就无法守护理性。

"哲学"一词的本来意义是"爱知（爱智、爱智慧）"，
"知"是一种理性活动。知什么呢？后面会详细介绍，总之
就是知道何谓"善"，何谓"幸福"。这里的"善"并不具有
道德方面的意义。善即"有好处"，相反，恶即"对自己没
好处"之意。

"克服悲喜之扰……谨言慎行、真诚坦荡，不受他人行
为左右"能使我们活得幸福。这具体是指什么，接下来也会
一一加以分析，而奥勒留则写下了自己的思考。

即使那些对哲学毫无兴趣的人，有时也会产生一些疑
问。比如，天天疲惫不堪地忙工作，但却无法对现在的人生
感到满意，而如果不工作又无法生活，这时就会产生"人活
着就是为了工作吗？""应该有比工作更重要的事情吧？"
之类的疑问。

倘若在得出答案之前，某日突然因过度疲劳病倒了，那
即便是之前毫不怀疑地坚信自己能够长寿的人，也会开始不
安地想自己会不会就此死去。如果是因长期超负荷工作而疲
劳过度的人，以前或许也曾不安地担心自己这样下去可能会
累死。对于那样的人来说，病倒并非什么晴天霹雳。

当时懂得去回顾自己的人生，并思考生存意义或幸福的人，就是本来意义上的哲学家，也就是"爱知者（爱智者）"。

而奥勒留则这么说：

> 原文　　不要再去讨论好人是什么样子，要去做一个好人。（十·十六）

如果停止讨论，就不再是哲学了，但奥勒留这句话的意思是说，在作为实践哲学的斯多葛哲学中，重要的不是讨论，而是实际去做一个好人。

为此，应该去实践什么呢？斯多葛哲学最重要的信条就是"顺应自然"。这是什么意思呢？下一章将对此加以分析。

Chapter 3

顺应自然

本章来看一下
奥勒留认为怎样生活
才是顺应自然。
令人惊叹的是
奥勒留当时就提倡
在现代也尚未实现的世界主义。

~

二道合一

原文　　顺着自己的自然与共通的自然，径直向前！这两条路原本就是同一条道。（五·三）

　　这里所说的"自然"并不是山川草木这一普通意义上的自然，而是表示宇宙秩序的法则（理性、宇宙规律）之意。

　　所谓"共通的自然"是宇宙的自然之意。奥勒留认为处在宇宙之内的人也是宇宙秩序的一部分，具有理性。这里的理性也可以说成是灵性、神性。

　　依照这种理性去生活就是"顺应自然"。判断什么是
"善"，也就是如前文所说，判断什么对自己有好处、怎么生
活才是幸福，这就是理性的作用。遵循这种理性的判断就是
顺应自然而活。

> 原文　　　不知道宇宙是什么的人，也不会知道自
> 己身在何处。不知道宇宙本质上为何存在的
> 人，也不会知道自己是何人、宇宙为何物。
> 这些问题都是非常重要的终极问题，即使有
> 一项不清楚的人恐怕也讲不出自己本质上为
> 何而活。（八·五十二）

　　自己在何处？自己是何人？宇宙是何物？奥勒留说，这
几个问题中即使有一个不清楚的人也无法说出自己本质上为
何而活。那么，自己本质上为何而活呢？是为了合作，后文
会讲到这点。合作才是顺应自然而活，相反，对立则是反自

然之道而行。

　　宇宙、自然也可以换种说法：

原文　　　要与神明共生。自己的灵魂对神所赐予的一切都感到满足，自己也在按照宙斯授予人的内在灵性（神性）的指引行事，不断向神明展示这一点的人就是在与神明共生。这里的神明也是指每个人的理智、理性。（五·二十七）

　　"宙斯授予人的内在灵性的指引行事"，以这种理性来监督我们。这样一写，就好像人是理性的存在，丝毫不会犯什么过错，但实际上，我们常常会违背理性而做出错误判断，所以才必须时常思考自己的所做与所求究竟是否真的是"善"。

　　宇宙、自然和生存在其中的人，分别处在一种同心圆关系中的宏观宇宙（大宇宙）和微观宇宙（小宇宙）。斯多葛哲学认为，处于微观宇宙的人是超越人种、语言、文化差异，共享这种理性的同伴，相互处在一种和谐关系之中。

做世界公民

这里出现了世界主义的观点，即人不是城邦国家的公民，而是世界公民。

原文

宇宙即国家。（四·四）

据西塞罗记载，当苏格拉底被问到认为自己是哪国人时，他回答说"世界人"。

苏格拉底是雅典这个城邦的一员，当苏格拉底说自己是爱国者时的国家是指雅典。所以，很难认为苏格拉底真的说过这样的话。倘若实际上果真有这样的提问，而苏格拉底确实回答说是世界人，那或许对苏格拉底来说，超越国家的正义才重要，因此，他并不想将自己封闭在城邦国家这一狭隘的组织内。

对奥勒留来说，宇宙是一个国家，而他是宇宙的一员，是世界公民。cosmopolites（世界公民）是由 cosmo（宇宙）和 polites（希腊语中的公民）合成的一个词。

> 原文　*我的自然是理性的和社会性的。作为安东尼，我的国家是罗马；作为人，我的国家是宇宙。（六·四十四）*

奥勒留就任皇帝时从庇护帝那里承继了安东尼这个名字。"作为安东尼"是作为罗马皇帝之意。

如前所见，奥勒留过着双重生活，既是宫廷里的皇帝，同时也是哲学家。并且，他还生活在罗马和世界这样的对立关系之中，可以说正因为意识到了这一点，奥勒留才会活在应该如何取舍的矛盾里，但那只是站在皇帝立场上的困惑，作为一个人，奥勒留并没有迷失。

奥勒留认为自己作为皇帝属于罗马帝国这个国家，但作为一个人，自己则属于更大的共同体——宇宙，并且他并没有将罗马帝国和宇宙混为一谈。

问题是，生活在现代的我们究竟能否依靠理性做出正确判断，并视彼此为超越人种、国家、语言差异而共享理性的同伴。

审视自我，与他人共生

如此，所谓顺应自然，一是指遵从作为宇宙规律一部分的理性，二是指与共享理性的同伴和谐共生。

奥勒留认为顺应自然是一种"义务"。依靠理性做出判断，构建并维持与他人之间的关系，是人的义务。

奥勒留在强调关注自己内心的同时也注意考察人际关系。前面已经说过了，人际关系很麻烦，有时人还会为其所伤、受其所累。可是，想要不与任何人来往，独自去过隐遁生活，实际上也无法实现。

在思考如何与他人相处时，奥勒留似乎并不是去抱怨、指责他人，而是着重思考自己应该以什么样的心境去与他人相处。

Chapter 4

与他人共生

除了人际关系，

人生中有时还会发生一些

自己不希望发生

但却会产生重大影响的事件。

既然是人，

谁都无法避免最终死亡。

在死亡之前，

即使是年轻人也可能生病，

并且，随着岁月的流逝，

谁都无法逃避衰老。

因此，有时也可能不得不

放弃自己原本渴望做的事情。

本章先来思考一下如何应对人际关系，

然后再来看一看如何处理身外之事。

~

挡住去路的他人

倘若周围净是柔和温顺、亲切友善、无条件包容我们的人，那每天该会过得多么舒心惬意啊！可实际上，他人有时会阻挡我们的去路，令我们终日难以释怀，每天都过得非常烦恼。

生活在宫廷之中的奥勒留，周围也充满了那样的人。

> 原文　　他们相互轻视却又相互奉承。并且，他们都想要比对方优越，但却又相互伪让。
>
> （十一·十四）

　　一心想要胜过他人者有时会不择手段。或许也有很多人想要利用皇帝。

> 原文　早上要对自己说：我今天可能会遇到爱管闲事的人、忘恩负义的人、傲慢无礼的人、奸诈虚伪的人、善妒无量的人、清高孤傲的人。（二·一）

　　或许奥勒留有很多无法对人诉说的不满。正因为如此，他才将自己的想法与感受写在笔记本上，并且还是用其他人都看不懂的希腊语来写。但倘若仅仅如此，似乎又与后面马上会引用到的"也不要让你听见"自己的不满这一决心相矛盾。

　　《沉思录》如果只写一些这样的话，因人际关系而痛心的人或许能够产生共鸣，但也就仅仅止于感慨而已。

　　如果想着今天可能会从遇到讨厌的人开始一天，或许预想之事会发生。也就是说，比起毫无预期地突然遇到讨厌的人，提前有所准备时受到的打击会小一些。

如果预想着会遇到讨厌之人，但实际上却并没有遇到那样的人，那就会感到很庆幸。倘若奥勒留每天都会思考这样的事情，也许是因为他周围的敌人相当多。

虽然也有人说奥勒留非常讨厌与人周旋，但他也不是不理睬他人。实际上，也许奥勒留认为皇帝无法不与他人打交道，即使有不喜欢的人，也得去做自己应该做的事情，工作时必须将个人好恶置于一旁。

奥勒留将"清高孤傲的人"视为自己的"同类"。这一点后面会加以分析，如果认为自己与那些人不同，问题就永远无法解决。

尽己所能

原文　　再不要让任何人听到你对宫廷生活的不满。也不要让你听见。（八·九）

虽然很难想象皇帝会向谁诉说自己对宫廷生活的不满，或许他也有可以放心依赖的亲信。但是，奥勒留却说不要再向任何人抱怨，不但如此，他还告诫自己也不要在心里暗暗发牢骚。

在心理咨询时会有很多人诉说自己在职场或家庭中人际关系方面的一些不满，但即使再怎么倾诉，问题也丝毫得不到解决。

一味注重让咨询者倾诉内心郁结来使其心情舒畅的心理咨询，仅仅只是在进一步让其坚信自己正确，而周围的人不对。即便是他人明显存在问题，也必须思考自己应该如何与那样的人相处，抑或在与那样的人相处时自己能够做些什么。

原文　要注意别彻底变成一个专制皇帝，也不要沾染那种习气。一定要时刻注意，因为那是很可能发生的事情。（六·三十）

这里在提醒自己不要丢弃理想，彻底过一个皇帝的生活。奥勒留必须忠告自己，即使当了皇帝也不要放弃去做一个哲学家（爱智者）。

"因为那是很可能发生的事情"，并不仅仅是说这种事可能会发生在奥勒留身上，或许也是说一旦掌握了权力，人人都有可能改变，并且奥勒留自身也有可能因为当了皇帝，受身边人影响而沾染皇帝的不良习气。

即便不是皇帝，有人一旦升职就会误以为自己变得了不起了。但是，自己的价值与职务并没有关系。皇帝即便是最高的位置，也只是一个职务名字而已。当了皇帝之后，既有可能沾染皇帝做派，也有可能被周围那些试图奉承、利用皇帝的人给彻底"皇帝化"。

奥勒留似乎清楚身边有很多那样的人，所以奥勒留才告诫自己不可沉溺于那些人的追捧，不可将自己与地位等同视之。

即便不是升了职的上司，一旦身边有成功人士，有人就想要去结交。以前毫不理睬，现在却突然变了态度来结交你的人并不是出于尊敬，仅仅只是想要利用你而已。那些善于见风使舵的人一旦发现你没有利用价值，马上就会离开。

> 原文　　　因此，你要努力做一个单纯善良、圣洁高尚、真诚坦荡、正直虔诚、宽厚仁慈、乐于担当的人。要坚定不移地按照哲学给你的指引去做，敬神爱人。人生短暂，在这世上唯一的收获就是合乎天理的习性与合群性行为。（六·三十）

　　从这段引文可以知道奥勒留想要做一个什么样的人。即便是人生短暂，也必须要在这短暂的一生中善待他人，为包含自己在内的社会（共同体）多做贡献。

　　原文中"或许你很快就会离开这个世界。可是，你还不能做到淡定从容、表里如一"这段话，我将其中的形容词"haplous"翻译成"表里如一"，将此处引文中的同一单词翻译成了"单纯"。想要成为这样的自己，实际上也并不容易做到，所以奥勒留对自己说也许自己仍然表里不一。

一视同仁

奥勒留一直要面对诸多烦扰：与周边那些侵蚀罗马帝国以图霸权的不同民族之间的对立、腐败宫廷的复杂人事、家臣的背叛等。其中，奥勒留十分信赖的家臣阿维迪乌斯·卡西乌斯的叛乱对他打击很大。

卡西乌斯接到奥勒留暴毙的误报之后，起兵争夺继任者之位。结果，刚刚起兵便被部下残杀，叛乱随即结束。但听到卡西乌斯谋反消息的奥勒留，却打算原谅卡西乌斯。

当卡西乌斯的首级被送到奥勒留面前时，他既没有喜悦也没有夸耀，而是悲伤于失去了施以慈悲的机会。因为，奥勒留原本想要活捉卡西乌斯，以便救其性命，让其真心悔过。

或许没有经历过人命关天的大事，但大家也会有被他人严重伤害的经历。发生那样的事情时，我们必须认真思考一下应该如何对待伤害自己的人。

即使对那些背叛者或犯错者，奥勒留也总是努力去宽容，读了他下面这段话就能明白这一点。

原文

> 宽容地去爱犯错者，这是人所特有的本性。他们与你是同类，因为无知才不小心犯下错误，无论是他们还是你很快都会离开这个世界。尤其是，他们并没能使你受到损害，因为他们并没能使你的核心部分（理性）有丝毫减损。只要这样想就能宽容。（七·二十二）

这里有点类似于"爱邻人"的思想。意思是，犯错者并非故意犯错，而是因为无知才犯错，所以也要去爱他们。

《沉思录》中与基督教有关的记述只有一处，那就是，奥勒留说他们具有"赤裸裸的反抗精神"（十一·三）。或许奥勒留无法接受基督教徒的殉教或偶像破坏吧。

怎么才能去爱犯错者呢？奥勒留列举了种种有助于这么

做的想法：他们与自己是同类，他们是因为无知才不小心犯错的，他们和自己很快都会离开这个世界，他们并没能使自己受损害。

其中，"与自己是同类"和"因为无知而犯错"这两点的意思稍后会加以分析。因为"无论是他们还是你很快都会离开这个世界"，所以也要去爱犯错者，这是说，一想到死亡，所有的事情就不再那么重要，被谁加害之类的事情也不再是什么大问题。

无心之失

奥勒留说犯错之人是因为无知才不小心那么做，自己也是一样。那么，无知是说不知道什么呢？

前文提及奥勒留早晨在笔记上写下了这样的话：

> 原文
>
> 　　早上要对自己说：我今天可能会遇到爱管闲事的人、忘恩负义的人、傲慢无礼的人、奸诈虚伪的人、善妒无量的人、清高孤傲的人。（二·一）

他接着又写道：

> 原文
>
> 　　他们之所以会如此，是因为对善与恶的无知。但是，我知道善的本质是美，恶的本质是丑，并且明白犯错者自身的本性也与我相同；不过，并不是指血统相同，而是在共享知性和某种神性这一意义上相同。所以，我不可能受到他们任何人的伤害。因为，谁都无法将我拖进丑恶之中。（二·一）

这是说对"善与恶"的无知。就像前面已经说过的那样，这里的"善与恶"并不具有道德意义。善是"有好处"，相反，恶则是"对自己没好处"的意思。

也就是说，因为不知道什么对自己有好处、什么对自己没好处，所以才会犯错。是因为无知而不是故意，是不小心犯下过错。在其他地方，奥勒留还说过这样的话：

> 原文
>
> **哲人说：所有的人丢弃真理都是无心之举。正义、节制、仁爱等一切美德的缺失也是一样。**（七·六十三）

所谓"丢弃真理"是指误判何为善、何为恶。

苏格拉底提出过一个悖论，说的是"无人想作恶"（《柏拉图对话录·美诺篇》）。

即使有人看上去想要作恶，他们也不会想做对自己没好处的事情。有时候人会突然发现，原以为对自己有好处（也就是善）的事情实际上却是恶，对自己一点好处也没有。如此想来，所谓"无人想作恶"就是谁都不想做对自己没好处之事的意思。这样一来，与其说"无人想作恶"是悖论，倒不如说是理所当然之事。

奥勒留说自己不会受害，还说即使有人想要加害自己，那也绝非故意。

看到犯错者，也许会想自己不会那么做，但也无法断言自己绝对不会那么做。因为，自己也是犯错者的同类。

奥勒留说，所谓同类就是"共享知性和某种神性"。但是，即便由于共享知性和神性而成为同类，也不是不会犯错。一旦被置于与犯错者相同的立场，没人能断言自己绝不会做出与犯错者一样的选择。

如果明白了这一点，即使有人犯了错，也不能再轻易为其定罪。所以，奥勒留认为也应爱犯错者。

原文　　　当有人对你犯下过错时，要立刻想一想他认为什么是善或者恶才犯下过错的。因为，一旦看清这一点，你或许就既不会惊讶也不会愤怒，而是去怜悯他。（七·二十六）

如果认识到自己也可能会误判，就无法高高在上地发火或者斥责别人。

奥勒留接着说：

原文　　　必须牢记这一点！因为，这样你才能对所有的人都宽厚友善。（七·六十三）

犯错者并非故意为之，也不是别有用心。奥勒留说如果能够明白这一点，就能对其宽厚友善。所谓哲学家是指"爱智者"，就是热爱智慧的人，而不是指"智者"。

人人都是智者，用现在的话讲就是，由于并不完全了解善恶才犯错的人和并未犯错的人都是一样的。但是，读了这一系列记述似乎也能看出来，要认为去爱犯错者是人所固有的秉性也相当困难，即便如此，奥勒留还是对自己说，一定要视犯错者为同类并宽厚待之。

"宽容地去爱犯错者，这是人所特有的秉性"这句话中的"犯错"在希腊语中是"失败（受挫）"之意。在其他地方，奥勒留使用过"脱离目标（脱靶）"这个词来表示类似意思。

前面写到从奥勒留的这句话中可以读出与"爱邻人"相似的思想，在希腊语中，过错称作"εγκλημα"，意思是"脱离目标（脱靶）"。倘若人做应该做的事情是"击中目标（中靶）"，弓箭脱靶就是"过错（过失、失误）"。

日本著名学者北森嘉藏在自己的书中写道：一方面，人无论怎么努力，箭都会脱靶，也就是人势必会犯错，但另一方面，道德会使人成为"正常的弓箭"。

对于认为犯错源于善恶方面的无知和承继了这种思想的

奥勒留来说，人是"正常的弓箭"。倘若弓箭正常，只要不断练习就能够射中靶子，射不中靶子不过是因为练习不够。

我并不认为人之所以犯错、不能实施善行是因为弓箭有问题导致的，再怎么练习也无法保证绝对射中靶子。但我也认为，并不是弓箭本身没问题，通过多加练习，就一定能射中靶子。

与其说是因为缺乏练习而无法射中靶子，不如说是由于缺乏对何为善的认知才无法射中靶子。所谓对善恶的无知是指看不清目标本身，或者看不到目标。

若是如此，即便再怎么练习也没有意义。接着柏拉图的话说就是，知道目标在哪里就是知道何为善（有好处）。既不是明明知道善但却无法去实践，也不是虽然知道但却由于练习不足而无法实践。不会如保罗所言，无法去做自己想做的事情。如果知道何为善就能够去实践，倘若无法去实践，那便是因为不知道何为善。

基督教认为人势必会犯错，这是一种"原罪"思想。如果势必会犯错，那人就绝对无法获救。倘若认为只有那唯一没犯错，也就是摆脱了原罪的耶稣基督才能拯救人类，那作为罪人的人类或许就能够互相关爱。

可是，如果将犯错看作是因为对善恶的无知，想要探知善恶的人可能就会对不想去了解善恶的人产生某种优越感。带着这样的想法继续阅读《沉思录》，自然就会注意到下面这一节。

为协作而生

> 原文　你对什么不满呢？是人们的邪恶吗？理性动物皆是为彼此而生的。忍耐是正义的一部分。人并非有意犯错。并且，之前有多少人在仇视、猜疑、憎恨中度日，甚至是持刀相向，最后都寂然离去，归于尘土了——明白这一点之后就放弃心中的不满吧！（四·三）

　　这并不仅仅是说要认识到犯错者与自己是同类并施之以仁爱。奥勒留还进一步说，相互仇视、猜疑、憎恨甚至打斗都不是人的本来状态，"理性动物皆是为彼此而生"。

　　即使别人有什么令自己生气的言行也要忍耐，要认为他只是"无心"为之，要去教导那些不知道何为善、何为恶的人。奥勒留说这么做就是"为彼此而生"，人并非相互对立，团结协作才是其本来状态。

　　跟年幼的孩子动气也没有意义。虽然有人确实会真的生气，但因为孩子不了解的事情而训斥他并没有意义，只能耐心教导。这是大人帮助孩子成长，同样的道理其实适用于任何人际关系。

原文

　　我既不能生同类的气，也不能憎恨他们。因为，我们就是为协作而生的，正如双足、双手、上下眼睑，抑或是上下排的牙齿。所

以，互相对立有违自然之道：愤恨、敌视就是对立。（二·一）

　　这里奥勒留进一步清晰地写道，我们是为协作而生的。

　　在共享知性（理智）这一意义上，自己与他人是同类。奥勒留以身体构造为例来说明，为什么既不能对与自己同类的人生气，也不能对其憎恨。憎恨，愤怒，与他人对立，这有违自然之道。

　　奥勒留经常置身战争之中，不断目睹着人类相互残杀的现实和人性的丑恶，但他却认为人是为协作而生的，我觉得这具有相当大的意义。

　　奥勒留在战争中得出"人是为协作而生"的观点，这让我想起了后世的阿德勒，他在第一次世界大战的激战期，一边目睹人们互相杀戮的现实，一边总结出"共同体感觉"思想：人与人并非相互对立，而是相互联系。

如果仅仅是追认现实，那称不上是哲学。无论多么难以实现，都必须在指出应有的理想状态的基础上，深入考察现状中为什么理想未实现，认真思考怎样才能实现理想，至少是接近理想。

即便人类互相杀戮是现实，仅仅指出这一点也无法改变现实。弗洛伊德说人具有攻击本能，霍布斯说"所有人对所有人的战争"是自然状态，而这些观点都与受到了奥勒留或斯多葛哲学影响的阿德勒的世界观相反。相互对立并非人的本来状态，它有违自然之道，主张人本来就是为协作而生的思想才具有改变现实的力量。

倘若说回到现状，不得不说，在谈到国家间关系时认为只要自己国家好就可以的想法与协作相距甚远。就像新冠肺炎疫情的蔓延仅靠一国无法防止。

试图通过分裂国民来回避对政府的批判，或者虽然看似是反对分裂，但却企图通过宣传来自他国的威胁来实现国家的统一，此类现象也会存在，在战争中制造出对他国国民的愤恨或憎恶。看一看最近的这种国际状况就会明白，奥勒留的协作思想尚未得以实现，现在依然具有创新性。

　　就个人角度而言，主张只要自己好就可以的利己主义也与协作背道而驰。一旦地球成了人类无法居住的废墟，即便是躲入设在自家地下的核避难所而获救也没有意义。

　　也许很多人会认为人生即竞争。的确，竞争无处不在。但是，竞争并非人的本来状态。

　　大家都做相同的事情未必就是协作。走路时，右脚和左脚就不会同时向前迈出，必须两只脚交替迈出。只有两只脚交替迈出，身体才能平稳前行。这样也是协作。

原文

　　我们都在为了达成同一个目的而协作着。既有有意识的自觉协作者，也有无意识的自发协作者。想来，这恰如赫拉克利特所言"沉睡者也是宇宙中所发生之事的制造者、促成者"。每个人都在以各自的方式进行着协作。批判所发生之事的人、试图抗拒破坏的人也是在协作。因为，宇宙也需要那样的人存在。（六·四十二）

所谓目的就是使这个世界保持一种良好状态。不认为为了这一目的而相互协作是人的本来状态的人，可能也意识不到人其实活在相互协作之中。

有的人如果意识不到就无法与他人协作。尤其是那些认为他人为自己提供各种帮助是理所当然的人，也许并不懂得如何协作。

与此同时，意识到在协作的人往往会吹嘘自己正在协助他人。后面会看到，也有渴求被赞赏的人。那种人的协作看上去会不自然、很虚伪。

也有人无意识地进行着协作。阿德勒在《阿德勒演讲》（*Adler Speaks*）中，这样描述孩子吸吮母亲母乳的现象："吸吮母乳并非弗洛伊德所认为的虐待狂式的残暴行为，而是母亲与孩子之间的协作行为。"奥勒留所说的"我们就是为协作而生的"这一观点的原初形态，可以在孩子吸吮母乳现象中看到。

有的人总是闷闷不乐。那样的人常常令周围的人担心，而且往往认为如果不搞些特殊就无法获得任何人的关注。相反，那些活泼开朗、笑容不断的人仅仅通过自身的存在就可以令周围的人如沐春风，让大家过得开心愉快，但他们本人也许并未意识到这一点。

很多人认为自己由于需要被照护而净给家人添麻烦。有人为了不给家人添麻烦，而提早向家人传达自己不接受延命治疗。

但是，从进行照护的家人角度来讲，可以说被照护者也在进行着协作，让家人感觉到大家都在通过协作巩固着家人之间的团结，大家都在和睦相处。

为什么需要协作？

原文　　一旦某根树枝被从旁边的树枝那里切断，那它也必定是从整棵树上被切断。同理，如果一个人与某个人分离开，那也会脱离整个共同体。不过，树枝是被其他人从另一根树枝上切断的，但人却是因为憎恨、敌视邻人而将自己与邻人分离开来。但是，这么做的

> **人却并不知道自己同时也与共同体分离开了。**
>
> （十一·八）

　　可以说，奥勒留从反面说明了基督教的"爱邻人"。这里译成"共同体"的词，其原意是"人与人之间的联结"。

　　奥勒留说即使仅仅憎恶眼前的这一个人，也会切断自己与所有他人之间的联结。在学校或职场上欺负他人者，看似通过这种方式将自己欺负的人从团体中切割开了，但实际上是将自己切割了出去。

　　即便是那样的人，也无法离开与他人之间的联结独自生存。意图切断其他人与别人之间的联结，实际上却切断了自己与别人之间的联结，如前所见，在共享某种神性、都可能犯同样的错误这一意义上来讲，犯这种过错的人也是同类。人类共同构成了"知性共同体"。

　　刚刚以憎恶、欺负他人之类的事情为例，探讨了奥勒留前面那段话的意义。不过，就算不是犯某种过错之类的事情，看到与自己持有不同观点的人时，固执地坚持自己对别人的错误做法也会将自己从共同体中切割开。即便是那些确信自己被置于相同立场也绝不会憎恨、敌视别人者，很多也会固执己见地武断给人定罪。

关于刚才提到的邻人，奥勒留还说：

> 原文　**我们能够与邻人再次建立联结，重新成为整体的一部分。**（十一·八）

人有时会给犯罪者定罪。那时往往都会认为自己绝不会做那样的事情。当然，犯罪是不允许的，但给犯罪者定罪也会将定罪者从共同体中切割开。

而犯罪者会怎样呢？即使因为犯罪将自己从共同体中切割开了，那样的人如果改过自新也可以再次回归共同体获得重生。

所以，就如奥勒留所言，也必须去爱犯了过错的人。当然，对受害者及其家人来说，这或许并不容易做到，但必须认识到并不是谁都希望对犯人处以严罚。

曾看到这样的一篇新闻报道：京都放火杀人事件的犯罪嫌疑人自己也身负重伤，徘徊在生死边缘，但经过医疗人员的全力救治，恢复得很不错，虽不能自己独立行走，也能够与人对话了。

那篇报道还写，该犯罪嫌疑人在感谢救治自己的医疗人员时说："以前从未有人对我这么好过。"

我看了这篇报道之后便想，倘若他在走向犯罪之前的人生中有过被人善待的经历，或许他的人生就会大不相同，可能也就不至于犯下如此凶恶的罪行。

刑罚是为了什么而存在呢？首先，它是犯罪的应有报应，对于犯罪这种恶行，必须处以相应刑罚，有观点认为刑罚是报应刑。这个意义上的刑罚是自我完结式的，较难借此来预防或抑制犯罪。

其次，有观点认为，刑罚的存在是为了预防或抑制犯罪。如果知道对于某种罪行会处以相应严罚，可能就会觉得犯罪很不值，继而打消犯罪念头。若是如此，刑罚便起到了抑制犯罪的效果。

但是现实中，在行凶的那一瞬间很难考虑得这么周全，例如，因为想到杀人可能会被判死刑就打消念头等。人在冲动的时候，尤其是在冲动到想要走极端地步时，根本无法考虑到可能会被判死刑。

另一方面，不仅仅是死刑之类的极刑，即使是较轻的惩罚有的犯罪者也认为自己不该承受。有的犯罪者只是把被处罚视为对自己的挑战。那样的人往往认为自己的行为就代表正义，不应该被惩罚。

另外，也有人只考虑怎么做才不被发现。那样的人即使受到了惩罚，也只会一心想着下次要更加巧妙地实施犯罪，以便不被发现。

有时候，受到惩罚的人不仅仅想着下次要更加巧妙地犯罪，还会想着去报复惩罚、责难自己的人。因为，这样的人往往会以惩罚自己的社会为敌。

最后，有一种观点认为，设立刑罚既不是为了处罚犯罪，也不是为了抑制犯罪，而是为了帮助犯罪者重新做人。

前面已经看到过，奥勒留原本打算宽恕发动叛乱的卡西乌斯，或许他明白如果仅仅是处以刑罚，同样的事情还有可能发生在其他人身上，很难从根本上杜绝叛乱发生。

柏拉图提出了"教育刑"这一说法，意思是为了帮助犯罪者重新做人、再次回归社会，必须处以惩罚。但是，倘若说是为了帮助犯罪者重新做人，我认为那原本就不需要刑罚。我想到《我们记忆中的阿尔弗雷德·阿德勒》（*Alfred Adler:As We Remember Him*）中讲了这样一件事情：

据说，有一次一名男子来找阿德勒。这名男子在因盗窃罪服刑时，在监狱的图书馆里读了阿德勒的书，然后就下决心被释放之后要去拜访阿德勒。他被阿德勒雇为园艺师，有一次去苗木店买苗木时，拿回了比阿德勒给的钱能购买到的要多得多的苗木。

阿德勒认为这名男子这么做是在试探自己。于是，阿德勒便耐心地与他进行了交谈，让他将多拿回来的苗木还了回去。如果阿德勒审问并严厉斥责这名男子，可能他不但不会改过自新，反而还会怀恨在心。

这名男子后来成了一位非常棒的园艺师，阿德勒的这种态度肯定带给了这位园艺师良好影响吧。阿德勒认为，犯罪者重获新生所需要的不是惩罚，而是培养共同体感觉。倘若知道自己绝非孤立无援，而是与他人紧密相连，他人是自己需要就会愿意帮助自己的"同伴"，即使之前问题不断的人也会改变生活方式。

奥勒留说人是为了协作而生的，但只要认为他人是敌人，就不会愿意去协作。借用奥勒留的说法就是，一度试图脱离与他人之间联结的人需要被再次"接枝"。这并不能通过处以刑罚去实现。

Chapter 5

审视自我

奥勒留在思考与他人之间的关系时，

并不会认为是他人的过错

导致了自己的痛苦，

继而产生烦闷、愤怒、憎恶之类的

不良情绪。

实际上，他坦率地承认不为情绪所动

确实是很难的，

同时，他也不认为因他人的行为

而变得情绪化是理所当然的。

奥勒留告诫自己，无论发生什么，

首先要审视、反省自己的内心。

本章就来思考一下何谓审视自我。

~

发现自己的心

原文　　当你因周围的事物乱了心绪时，马上回归到自己的内心世界，凝神静思、反观自照，千万不要在那些压迫下乱了节奏。（六·十一）

奥勒留反观自己内心而写成的书就是《沉思录》。他还说不仅仅是写在笔记上时，当心绪杂乱时也要时常审视自己的内心。

所谓"节奏"是指自己生活的本来节奏。有时会因别人而心烦意乱，既有他人直接造成的烦扰，也有好事者传话说有人说自己的坏话而造成的不快。但是，即使有那样的事情，内在的心灵之泉也不会干涸。

> 原文　　　一眼清明澄净的甘泉，即使有人站在它旁边口吐污秽之言，它也不会停止汩汩涌动的清泉。（八·五十一）

无论外界发生什么，内心都不会受其所害。

> 原文　　　要向内发掘！只要你不断发掘，就能找到不断喷涌的善之泉。（七·五十九）

没有不渴望幸福的人。根本不会有人选择不追求幸福或者向往不幸。尽管如此，有的人却无法获得幸福，这是为什么呢？因为不知道对自己来说什么是善，什么是幸福。为了明白这些，必须正确发挥理性的作用。为此，一定要发掘自己的内在力量，发现内在的"善之泉"。

认为自己不幸的人往往会向外寻求原因。就与他人之间的关系而言，总认为是因为他人伤害自己，所以自己才会陷入不幸。

但是，清泉即使遇到那样的事情也不会干涸。当今时代，确实有很多人因为经济问题过得非常不如意。那可能确实与当今社会的诸多不合理有关，也并不是说对种种不合理的现实闭目忍耐就是好。

即便如此，还是要时常思考自己有没有太过向外寻找不幸的原因。说向外寻找原因时的"外"，是指自己之外的某些人或某些事。

那样的原因很容易找到，但并非真正的原因。学生如果有问题，教师就从家庭或父母那里寻找原因，而父母则会从教师那里寻找原因。准确地讲，应该说是想要寻找原因。教师可能认为学生不愿意听课是家庭教育方面有问题（但可能仅仅是因为教师的课太没趣）。有的父母知道孩子熬夜之类的问题不能归咎于教师，但也可能会说这是因为祖父母的娇惯。

也有人将自己的不幸归因于人际关系不顺。这时就会认为问题不在自己而在他人。可是，即便是这样，我们也无法改变他人，只能改变自己。

向内探求的一个意义就是理性地探索何谓善，另一个意义就是像刚才看到的那样，不向外界寻找问题的原因。后面会详加分析，无论是人际关系还是外界发生的事情都不会伤害自己。有时候确实是对方有问题，但我们首先要认真思考有没有什么自己能做的事情。

即使有扰乱心绪的人际关系方面的事情，只要自己不去关注和在意外界烦扰，就能找回自己的节奏。

> 原文　　人们常常会去乡间、海边或者山上寻找隐居之所。你也曾一直寻找这样的地方。但这是最为庸俗的事情，因为，只要自己愿意，

> 人随时可以退隐到自己的内心深处。没有比
> 自己的灵魂深处更加宁静祥和的地方了。尤
> 其是那些通过凝视自己内心便可立即获得宁
> 静的人更是如此。我这里所说的宁静是指良
> 好的秩序。所以，要不断给予自己这种"隐
> 居之所"，让自己获得新生！（四·三）

当厌倦了人际关系，甚至是受伤之时，即使不去任何地方，如果退隐到自己内心深处，在那里稍事休息，就能够获得心灵的宁静。

有一点必须注意的是，奥勒留并非在此鼓励离群索居式的生活。实际上，奥勒留虽然想要作为哲学家而活，但却必须作为皇帝而活。奥勒留认为即使不想作为皇帝而活，也必须尽到自己的义务。

即便不是皇帝，谁也无法真正离开人群去过隐士生活。在单位必须完成工作，在家里必须承担家务或育儿责任。人

们只能一直活在与他人的关系之中。

但若每天都只是忙于工作，往往会迷失自我。无论在多么残酷的环境中从事辛苦的工作，都需要某种支撑。如果向自己的心灵深处而不是外界去寻找这种支撑，就能够找回心灵的宁静。

不过，这并不是"只要忍耐就可以"或者"靠内心默默消化"之类的意思。比如，雇佣者不能对员工说别从外界寻找不满的原因，要退回到自己内心去休憩以获得平静。被雇佣者若是被迫在残酷环境中从事辛苦工作，就可以要求改善工作条件，雇佣者必须努力改善劳动环境。

倘若是政治家宣扬说人们必须满足现状，那也有问题。世上往往会发生许许多多的不公正或不合理之事，即使在那样的环境中也必须努力活下去。所以，在心怀公愤，时而还要视其为理所当然的条件下，也越来越需要将目光转向自己的内心深处，尽力获得心灵宁静。

在常常考虑到这一点的基础上，还必须认真思考有没有自己能做的事情，这也是"发掘内在"的意义。若是为了不受外界影响便消极地逃避到自己的内心世界，那不但无法获得心灵宁静，可能还会令心绪烦乱难平。

> 原文　　不爱妄自猜度他人心灵的人很少会不快乐。此外，不懂关注自己内心活动的人则必然不快乐。（二·八）

也不能完全不顾他人的想法。别人怎么想跟自己没关系，做自己想做的事情就可以，即使自己的言行遭人讨厌也没关系——持这种想法也不行。

倘若与奥勒留所言相反，完全不顾他人想法，他人便会远远离去，自己也会因此陷入不幸。

毫不在意他人想法的人并不太多。大部分人都会在意他人怎么看自己，会意识到自己的言行对他人造成了什么样的影响，或许很少有人觉得可以故意伤害他人。

即使这么注意，也有可能会伤害别人，但若是太过在意他人的想法，就无法说出自己想要说或必须说的话。

　　尽管如此，我们其实并不能真正明白他人怎么想或者如何看待我们的言行。我们只能用换位思考之类的方式去猜想、类推他人的想法或感受，但自己与他人并不相同，所以，经历同样的事情时他人未必就会与自己感受一致，很多时候恰恰相反。

　　想要体会他人的感受，甚至产生共鸣，也需要关注自己的内心活动，但也有些时候，由于自己遇到同样的事情会很愤慨，便担心对方也会如此，结果对方却什么都没想。多余的担心会令人陷入不幸。在这个意义上来讲，倘若太过在意甚至误解他人的想法或感受，就有可能会陷入不幸。

　　让人搞不懂的不仅仅是他人的内心活动。就像无法明白他人的内心活动一样，我们也未必能真正明白自己的内心活动。很多人有时并不清楚自己为什么会那么做。而且，不清楚自己行为动机的人大概占多数吧。即便如此，是否能理解自己暂且不论，首先需要去关注"自己的内心活动"。

　　接下来看一看奥勒留如何看待情绪吧。他认为当人变得情绪化时，如果能够明白自己的内心活动，心绪就不会烦乱。

坚不可摧的精神堡垒

不受情绪左右的精神是一座足以藏身的坚固堡垒。因为，人类没有比这更坚不可摧的藏身之处了，只要躲避其中就可以活得淡定从容。所以，没有发现这座堡垒者是无知而缺乏智慧的人，发现了却进不去的则是不幸的人。(八·四十八)

如果能够不受愤怒或憎恶之类情绪的左右，就不会因周围人的言行而心烦意乱或者怒不可遏。另外，如果能够视他人所犯过错为无知之失，就可以宽容待之。

Chapter 6

如何应对情绪

不受情绪左右
并不是一件容易的事情，
但认识到自己
内心有一座坚不可摧的精神堡垒，
并以摆脱情绪化为目标，
这与懵懂无知地受情绪摆布，
两者的心理状态
还是会大不相同。
本章就来看一看
怎么做才能不受情绪左右。

~

平静即力量

　　愤怒、憎恶、悲伤之类的情绪往往因他人对自己的言行或者与家人、朋友等亲密之人的分别而起，但斯多葛哲学认为幸福就是尽力控制心情，不因那些外在影响而波动，即使身处愤怒或悲伤之中也不要迷失自我，保持内心平静。

　　奥勒留将这种不受情绪左右的心理状态称为"apatheia"（不动心，平静）。所谓apatheia，就是"没有pathos（冲动，激情）"的意思。

> 原文　　怒不可遏时应该秉持这样的信条或原则：
> 愤怒有失男儿气概，稳重温和才更具人情味
> 儿，也更富男子汉气。（十一·十八）

　　"秉持"的意思是说将斯多葛哲学的思想作为行动指南。当今时代，也有人认为暴跳如雷、大声呵斥对方或者将其当场降服之类的事情很有男子汉气、很潇洒。这恐怕是误解了潇洒。当然，会产生误解的不仅仅是男性。

　　权力骚扰之类的现象逐渐被重视，所以，毫无顾忌地大肆发火甚至动手的人的确越来越少了，但似乎还有相当多的人认为批评对教育或管教是必要的。

　　可是，奥勒留说不冲动、不感情用事的稳重温和品质才是男儿气概。这也并不仅仅适用于男性。稳重温和才更符合人性、更有人情味儿。

　　奥勒留在这段论述中接着说：

> **原文**　　　真正具有力量、胆识与勇气者是稳重温和的人，而并非那些暴躁易怒或者牢骚满腹的人。因为，越是接近内心平静（不动心）的人也就越接近力量与强大。并且，就像悲伤是弱者的常态一样，愤怒也是弱者的日常。易悲伤者和好愤怒者往往更容易受伤、屈服。
>
> （十一·十八）

　　倘若说悲伤是弱者的常态，那些沉浸在痛失亲人的悲伤中的人或许会想要反驳说自己并非因为脆弱才悲伤。当然，这时候不悲伤反而更成问题。我并不提倡一味沉浸在悲伤之中，但不管死亡是什么，它无疑是一种离别，所以不可能不悲伤。

　　正如奥勒留所言，悲伤之人并非弱者，对痛失亲人者来说，悲伤是一种理所当然。即便如此，还是必须尽快走出沉浸悲伤、迷失自我的状态。

故去之人肯定也不愿生者总是沉浸在悲伤之中无法自拔。倘若逝者能够知道生者渐渐恢复原来的生活节奏、正常工作，应该也会无比欣慰。

就悲伤而言，不动心状态就是无论发生什么都不悲伤，这是一种理想状态。若是以父母去世之类的沉重事情为例来思考会不好理解，可以想象一下他人口出伤人之言时，你不一定会感到伤心，反而可能不悲伤难过。人并不是被包括悲伤在内的外在事物或者人所伤害，这一点后面会加以分析。

奥勒留还指出愤怒是弱者的日常，这一点可能也不好理解。从"接近不动心（内心平静）"以及"越是接近内心平静（不动心）的人也就越接近力量与强大"这样的说法就能够知道，奥勒留承认不受情绪左右很困难，但也不认为受愤怒控制就是理所当然的，"忍不住发火"之类的说法只是一种辩解。强大的人不会受愤怒驱使，更不会被其左右。

戒气戒怒

　　即便你勃然大怒，他们或许还会做同样的事情。（八·四）

这里并未特别指明他们是谁，但周围总有几个令自己想发火的人吧。一旦发火会怎么样呢？

有人会因为害怕挨训而停止问题行为。从这个意义上来讲，发火具有一定的速效性。但是，问题行为者可能还会反复去做同样的事情。奥勒留所说的"他们或许还会做同样的事情"就是这个意思。即便具有一定的速效性，但倘若对方不改善行为方式，发火动怒就没有真正发挥作用。因为总是想着或许自己发的火再大一些，对方就能改过自新、改善行为方式，所以就无法停止发怒，但这样的事情便会一直持续。

一旦自己发火，对方就会愈加逆反。并非"即便那样

（发火）"对方还是会做同样的事情，而是正因为自己发火，对方才继续做同样的事情。

有时候的确是对方的言行有错。那时候，只要指出其不对之处就可以了。这一点后面还会进一步分析，总之就是没必要发火。

一旦发火，双方关系就会变得疏远。倘若自己说得不对，对方或许并不愿改善行为方式。倘若自己说得对，对方可能也会因为不愿认错而发火且不想改善行为方式。唇枪舌剑的交锋逐渐升级，很快便恶言相向，最终互相都弄不懂彼此为什么发火了。

> 原文 **复仇的最好方法便是不要让自己也变成与之相同的人。**（六·六）

奥勒留并不是在倡导复仇，他是说即使对方朝自己发火，自己也不能同样待之。一旦上了对方挑衅的当，什么问题都解决不了。自己所能做的只有不气不怒地退出权力之争。

所谓退出权力之争是指不固执于自己是正确的。只要认为自己正确而对方错误，并一定要弄清楚究竟谁对，那即使不感情用事，也是在进行权力之争。如果不跟对方一样发火，那又该怎么做呢？

活出孤高

> 原文
>
> 要学那任凭波浪不断拍打的岬角。岬角巍然屹立，波浪则在其四周渐渐退去，化为泡沫。（四·四十九）

无论他人对自己说什么做什么，都将其视作是涌向自己这块岬角的波浪飞沫。只要自己巍然屹立，嫉恨、憎恶、无端的批判或责难即使传入耳中，其影响之波也很快会烟消云散。

　　或许有不少人很难完全摈弃愤怒或憎恶之类的情绪。有人说即使知道不可以发火但还是忍不住发火，或者说没能温和待人，但其实就像前面已经分析过的那样，这些都只是辩解、托词。还有人说平时自己很理性不发火，都是因为太生对方的气了才没有忍住怒火，这些也都是一样，纯属一种辩解。

　　事实上，这只是不懂发火解决不了任何问题。

　　关于发火，奥勒留并不认为需要抑制或控制怒气，他认为如果真正明白愤怒没好处、并非善，就能够不受其左右。奥勒留写到堡垒和岬角时或许都想象着不受情绪左右的自己吧。

　　即使觉得自己明白了，有时也无法一直保持清醒。奥勒留也一样，当周围的人犯错时，或许他有时也会想要责备。

　　如果想象不到应该怎么做，就无法获得内心平静。大家或许认为奥勒留建议什么都不做以静待风暴离去，但好像并非如此。

耐心教导

> 原文　　　不允许人们去追求他们自认为是适意且有益的事情，这是何等地残忍！但是，每当你愤懑于他们犯错，那你再会不允许他们那么做。事实上，他们完全是认为那些事情相宜，并且对他们有益才去做的。"可是，并非如此（没好处）呀！"若是那样，不要发火，要耐心地教导、启迪。（六·二十七）

谁都会追求"有好处的事情"。实际上，那即使在自己"看来"是适意且有益之事，事实上是否有益也未可知。

即便不犯错，有时候周围人也一下子就能明白年轻人想要做的事情没有好处。即使如此，奥勒留说从一开始便被阻止"是何等地残忍"。

父母有时甚至认为孩子想象的人生十分幼稚，且十有八九会失败。有的父母听了孩子当下的想法与未来打算之后无法反驳，但却会这么说："我不理解你要做的事情。我只知道那是错误的。"当然，未必因为父母无法理解就是错的。

奥勒留说倘若仅仅是"愤懑于他们犯错"，那就是允许他们去做自认为适意且有益的事情。所以，他接着说，如果认为不对，那就不要发火，"要耐心地教导、启迪"。

仅仅发火的话，那就等于是认可，这一观点实在是意味深长。只是发火，那是不行的。问题是对方是否能听进去，必须耐心地告诉他那是错的、为什么是错的，以及应该怎么做。

若是年幼的孩子，即使训斥他，他往往也不知道自己为什么挨训。这种情况下，批评、训斥就没有意义。如果是大人，对方一发火，一般就会明白其为什么发火。因为，大人往往知道自己正在做的事情是怎么回事。

如果年轻人跟父母说自己不去上大学或者要辞掉现在的工作，那父母肯定会反对，这一点不用说也能明白。

但是，仅仅是发火的话，父母就等于什么也没做。不要感情用事，必须耐心地告诉孩子他想要做的事情是错的。可是，即便能够耐心教育孩子，父母的想法有时候也会出错。即使说多半会出错也不言过其实。

重要的是将父母的心情传达给孩子，那就是：父母很关心孩子的人生，不愿眼睁睁地看着自己的孩子犯错。因为是孩子自己的人生，所以，即便是父母原本也不能插嘴干涉。可是，父母能够帮助孩子，让孩子在规划自己人生之路时能合理参考父母的意见。这正是奥勒留所说的人是为协作而生的意义。

奥勒留所讲的道理，说得通俗点儿就是，发火只会招致逆反。

遇到对方感情用事时，应该耐心地告诉对方不要一味发火，让对方告诉自己希望自己怎么做。此外，奥勒留说对方发火时自己不可以做同样的事情，但当自己感到生气或者不愉快的时候，可以告诉对方"我对你现在的说法感到很生气"或者"我很受伤"。要传达这一点，但没有必要发火。

发火的人往往认为那么做能令对方接受自己的主张。的确如此，对方一般会因为害怕而接受发火者所说的事情。一旦屈从于发火者，屈从者下次再有机会时还会做同样的事情。所以，如果有人发火，不要只关注那个人的怒气，而要极力去关注发火者想要通过发火传达什么。

> 原文　　人是为彼此而生。所以，要耐心教导他人，去宽厚忍耐他人。（八·五十九）

"去宽厚忍耐他人"并不是不发火、一味忍耐的意思，而是说倘若不能指出错误、耐心教导，那就不要发火而是宽厚忍耐。

前面也已经看到了，奥勒留认为人活在相互协作之中，协作本身就包括如果有不明白的事情就互相教导。

> 原文　　如果可以，去教导并帮其改正错误。但若是做不到，要记住上天赐予了你宽容之心，可以此来应对他人的过错。（九·十一）

若是无论他人做什么都能宽容以待倒很好，但奥勒留并没有说一开始便宽容待之。如果不是故意犯错，首先要耐心教导。但并非自己就绝不会犯错，若是被置于同样的立场，自己也可能会犯错，如果明白这一点，就会变得宽容。

虽然对方犯错时自己有可能会冲动生气，但教导对方时并不需要愤怒情绪。

要学一无所求的葡萄藤

原文　　有的人在对别人好时往往惦记着得到别人的感谢。有的人虽然不这样，但在心中却一直记挂着自己为别人做的事情，将对方视为债务者。而有的人甚至都意识不到自己施惠于人，就好似那倾尽全力为人们献上鲜美果实之后便再无所求的葡萄藤。这种施惠不计的人即使帮助了别人也丝毫不会声张，而

> 是继续去做其他的好事，他们就像那葡萄藤，
> 季节一到便会再次长出葡萄贡献于人，又像
> 是全力奔跑的骏马、用心追踪的猎狗、辛勤
> 酿蜜的蜜蜂，全力付出却不计回报。（五·六）

如果从小被表扬着成长，长大之后也会希望自己做的事情得到别人的赞扬，至少渴望得到别人的关注。

如果自己做的事情得不到任何人的关注，就会不高兴，甚至生气发怒，根本做不到像葡萄藤那样长出果实之后便再无所求。有的人对于那些不感谢自己的人，不仅仅感到生气、窝火，甚至还会怀恨在心。

有的人总是念念不忘自己为别人做的事情，甚至以恩人自居。这样的人虽然忘不了自己为别人做的事情，但却很快就会把别人对自己的好忘得一干二净。

被别人感谢的确会很开心，但为了被感谢而对别人好或许就有些奇怪了。我初中时曾遭遇过交通事故，当时我骑着

自行车，撞上了迎面而来的摩托车。事后，一位说自己当时正好在现场的人找到了我家里。那个人说"当时是我叫的救护车"。事发之后有人马上叫了救护车，这的确令人感激，我母亲在接待那个人时立即察觉出对方的来意是为了索要感谢，于是便巧妙而得体地将其打发回去了。

当然，如果有人遇到困难，或许你会想要施以援手。若是在电车里突然感觉不舒服，不管旁边是什么样的人，你或许都会去寻求帮助，在场者或许也会尽可能帮忙。但是，受助者事后寻找帮助自己的人道谢倒在常理之中，而助人者主动登门索要感谢却有些奇怪。

不仅仅限于这种紧急时刻，若是平时便下定这种决心就不会迷惘。也就是下定这样的决心：如果自己受惠于人便铭记于心并想着感谢，但不期待受人感谢，即使他人对自己做的事情什么都不说，也毫不在意。但是，就算下意识地不在意，有时依然渴望获得认可。

之所以会产生因自己做的事情无法获得认可而心生不满的情况，是因为对什么事都用"give and take"原则去看待、去衡量。三木清在《人生论笔记》中说：

"支配我们生活的 give and take 原则是一种期待原则。也就是，给予了便期待索取，索取了就想着给予。作为一种期待原则，它并不是决定论式的，而是概率论式的。人生其实就基于这样一种盖然性。人生中，盖然性就是一种确定性。"

并不是给予了就一定能够索取，能做的仅仅只是"期待"。利己主义者往往认为付出了就势必有回报，也必须有回报。对此，三木清说：

"利己主义者是无所期待的人，所以也是缺乏信念的人。因此，这样的人常常为疑心所累。不将 give and take 原则作为一种期待原则看待，而是将其视作算计原则，这就是利己主义者。"

一无所求的人，不认为付出了就会收获回报，或者说，他们根本不会那样去想。而利己主义者会认为只要给予别人，自己就会受损失，所以，他们不会去给予、去付出。

一般情况下人们不怎么使用期待或者信念之类的词语。若是谈到奥勒留所说的恩惠，可能也是一些日常小事，例如，突然下雨时将多余的伞借给别人。那时候，即使什么都不说，也自然会期待数日后伞会被还回来，但即使借出去的伞没被还回来，也只是感觉有点儿失望而已。或许并不会——记录下什么时候给谁借了伞，什么时候归还了。

但是，利己主义者并不能或者不愿这么想问题。由于利己主义者往往认为一旦期待就会受损失、一旦信任就会遭背叛，所以也就无法信赖他人。如果没有对他人的信任，人际关系根本无法建立，但利己主义者却在不信任对方的情况下一心只想着索取。因此，他们便常常被疑心所困。

付出之后可能有回报也可能没回报，即使偶尔没有回报也没关系，这就是使社会成立的"期待原则"。无法这么想问题而是基于"算计原则"去思考事情的人就会常常担心自己受损失，继而陷入不安与烦恼之中。

即便几乎没有纯粹的利己主义者，似乎也有很多爱打小算盘、总是患得患失的人。那样的人往往认为一旦为他人做了什么事情就应该得到相应回报，他们是一些视回报大小而做事的人，一旦得不到回报就会怒火中烧。

可是，做了什么事情之后，既有有回报的时候，当然也会有没回报的时候，能够认识到这一点才全面，想要对一切都斤斤计较、周密盘算是不可能的。

那么，要想做到不斤斤计较，应该怎么思考问题才好呢？对此，三木清接着说：

"人是否自私自利，关键在于他能将预期回报看得有多长远。这个时间性问题并非一个简单的计算问题，而是期待和想象力的问题。"

"预期回报"是付出后可期待收获的远见和预期。利己主义者无法把预期放到长远的未来，如果不能立刻见到回报，便会觉得受到了损失。懂得"钱财乃天下流转之物"或者"宽厚不是为了他人"之类道理的人，能够将预期回报看得更加长远，但利己主义者却做不到这一点。

这样的人只关心自己做的事情能否得到他人认可，而不是自己能为他人做些什么好事。因为，他们只关心自己。

阿德勒说必须将这种"对自己的执着"（self interest）转变为"对他人的关心"（social interest）。这种对他人的关心就是阿德勒心理学的关键概念"共同体感觉"（social interest）。

某个寒冷的冬夜，阿德勒醒来后发现自己身上又多盖了一条毛毯。阿德勒原以为是妻子为自己加盖了一条毛毯，但实际上为他盖上那条毛毯的是女儿亚历山德拉。

亚历山德拉对父亲说：

"因为听到爸爸咳嗽了，所以我就担心爸爸会感冒，于是便又拿来了一条毛毯给您盖上了。"（故事出自《我们记忆中的阿尔弗雷德·阿德勒》）

这种对他人的关心，也就是共同体感觉，是一种隐藏的共同体感觉。

奥勒留将那些意识不到自己行为的人，也就是不考虑自己的行为能否被他人看到的人，比喻为"倾尽全力为人们献上鲜美果实之后便再无所求的葡萄藤"。

我读了奥勒留的这种观点之后，想起三木清曾这样写道：

"物质作为一种表现形式，真正向我们逼近是在我们孤独的时候。并且，能助我们超越孤独的也只有回应孤独召唤的自我表达活动。奥古斯丁说植物渴求人类的关注，被关注对它们来说就是一种救济。而人类的表达活动就是在拯救万物，并通过拯救万物来拯救自己。"

我们并不知道植物究竟是否真的渴求人类的关注。也许就像葡萄藤结出果实之后便再无所求一样，其他的植物也是开花结果之后便再无所求。但是，如果可以，我们还是要注意到它们的存在，用心观赏，及时浇水。

不慕赞赏，兀自芬芳

> 原文
>
> 一切美好的事物都自带光环、独放异彩，无须借赞赏为自己增光，其本身便静雅芬芳。这些美好的事物并不会因为被赞美而变得更好或更坏。（四·二十）

如前面引用的事例所见，所谓"无须借赞赏为自己增光"是说美好的行为具有自我完整性，即使不被赞赏也独具芬芳。

"并不会因为被赞美而变得更好或更坏"这句有点儿令

107

人费解，如果补充上"被责难"之类的词语，理解成"并不会因为被赞美而变得更好，也不会因为被责难而变坏"就容易懂了。

行为本身的价值与所获评价是两码事。并不是获得的评价不好就没有价值。相反，也未必因为获得好的评价就有价值。

奥勒留这里所讲的是善意或者善行之类的事情，一般而言，行为往往会受到评价。工作或学习也摆脱不了评价。如果他人的评价是合理的，就有必要根据评价努力进行相应改善。

另一点需要思考的就是自己的价值与他人的评价无关。工作或学习方面的评价并不代表人品方面的评价。有的上司或教师根本不耐心指导或教育，而是一味讲些诸如"这样的事情都不会做吗""你不明白吗"之类贬低人的话，根本没必要在意。

一般而言，一个人如果被人指责说"真是一个差劲的人啊"，就会心情低落、郁闷。相反，如果被人夸赞说"真是一个了不起的人啊"，就会无比喜悦、开心。但是，那些都只是他人对你的评价而已，你的价值并不会因为那些评价之言下降或上升。所以，因为受到他人的不好的评价而悲观是一件很奇怪的事情。

　　奥勒留之所以写下这样的话，或许是因为围在他身边的人很多的缘故吧。可能有时他也会因为赞赏而动摇心智，于是为了警诫自己便这么写。

勿苛求他人

> 原文　　接受一切发生的和注定的事情，有如它们来源于人自身之来源处。(二·十七)

　　不仅仅是被赞赏，一切自己期待他人做的事情无法实现时，我们都没有理由生气，因为，他人并不是为了满足我们的期待而活。

　　就亲子关系而言，父母或许会期待孩子拼命学习，但也不要因为孩子未满足父母期待而焦虑或者愤怒。

无论在什么样的人际关系中，如果对他人无所期待，那么，即使他人的言行不合自己的心意，也不会为此生气愤怒。

即使不生气，有时还是会在意某些人的言行，但那样的思绪也只能自己消化、解决。

父母不能因为自己担心就要求孩子好好学习。就孩子而言，那只是父母的期待，所以也不必为了满足父母的期待而学习。

> 原文　……你的人生即将终结。但你却依然不懂尊重自身，而是将自己的幸福寄予他人的灵魂之中。（二·六）

这是前面已经引用过的话，意思是说不可以期待他人来令自己幸福。

> 原文　　**不爱妄自猜度他人心思的人很少会不快乐。**（二·八）

这也是前面已经引用过的，一旦在意他人在想什么，就会忍不住去期待。

尽管如此，人是为协作而生的，所以也不能完全不顾及别人的想法。奥勒留说：

> 原文　　**不要羞于接受他人帮助。**（七·七）

虽然渴求甚至过度依赖他人是一种问题，但有时必须积极寻求他人帮助。当然，如果有人需要帮助，也要乐于伸出援手。

Chapter 7

外在之物
不会使人陷入不幸

人只要活着就不可能无视
外在已经发生或正在发生的事情。
若是与自己无关的事情倒还好,
倘若是亲耳听到有人说自己的坏话,
往往很难保持心情平静。
我们应该好好思考一下
这时候应该怎么做。

~

　　虽然不与他人打交道就无法生存，但也并不是人人都是好人，如果有人说自己的坏话，心中的平静就会被打乱，甚至还会感情用事。

　　不仅仅是人际关系，有时也会有一些变故降临到自己身上，人生便随之朝着出乎意料的方向发展。很多事情并不是自己能够左右的。得遇良人、顺利交往、终成眷属，抑或金榜题名，如愿进入梦寐以求的大学，若是能够遇到这样的顺风顺水之事自然开心，但有时却会发生一些事与愿违的情况，比如明明拼命学习了却名落孙山，又或者明明全心全意付出了，恋人却决然离去。

　　当这样的事情发生时，人们往往认为是外在发生的事情令自己陷入了不幸，但其实未必如此。即便发生同样的事情，如何理解也会因人而异。

尽管如此，人只要活着就不可能无视外在已经发生或正在发生的事情。若是与自己无关的事情倒还好，倘若是亲耳听到有人说自己的坏话，往往很难保持心情平静。我们应该好好思考一下这时候应该怎么做。

灾难源于内在判断

原文

客观事物并不会触及灵魂，只是静静地存在于你自身之外。苦恼皆源于你的内在判断。（四·三）

如果你正在为外在的事物苦恼，那令你苦恼的并非事物本身，而是你对它的判断。（八·四十七）

斯多葛哲学认为人在认识外在事物时感觉器官会将其印象刻印在心中，并将这种印象称为"表象"。

问题是，虽然外在事物的印象像盖章一样刻印在了心中，但仅仅如此还无法正确认识外在事物。

> 原文　　灾难何在呢？就在你对"恶"的判断之中。（四·三十九）

外在发生的事情未必是恶，只是有人将其视为恶。

> 原文　　很多令你烦恼的琐事皆源于你的判断，所以，你完全有能力将它们消除。（九·三十二）

总有些事情不以自我意志为转移，但对其加以判断的时候必须清楚有没有做出错误判断。

奥勒留说之所以会产生烦恼是因为判断错误，如果能进行正确判断，烦恼就会随之消失。

> 原文　　最初印象所展现出的信息是什么就是什么，不要做任何多余联想。当被告知有人讲你的坏话，仅此而已，并没有被告知你因之受到了伤害。我看到自己的孩子有病，也只是看到孩子有病，并没有看到其处于危险状态。就这样，始终固守最初印象形成的意念，不要自己从内心里做任何联想。若是如此，你就会安然无恙。当然，还要补充一点：宇宙中所发生的一切都不足为奇。（八·四十九）

　　谁说了自己什么，这就是"表象"。不要对这种表象信息之外的事情做任何判断，也就是不要认为那人说的是"坏话"。

　　如果看到孩子发烧，父母就会担心病情可能会严重，有时甚至会无比焦虑地担心孩子的生命安全。

奥勒留的十四个孩子大多早早就夭折了，他一次次看着孩子受病痛折磨，肯定会无比心疼。

原文 有人祈祷说"不要让我失去孩子"，而你祈祷说"不要让我害怕失去孩子"。（九·四十）

这就是奥勒留所写下的告诫自己的话。

说到坏话，奥勒留说的是"被告知有人讲你的坏话"，所以并不是自己直接听到有人讲自己坏话。

有人会告诉我们某某人讲了我们的坏话。虽是多管闲事，但传话者本人或许会认为他自己是好意。

倘若并非自己亲耳听到，而是从他人那里听说有人讲自己坏话，那本来就不清楚那个人是否讲了自己的坏话。

如果去猜"那个人为什么要说我坏话呢"，那是因为你自己平日便不觉得那个人好。若是那个人说了自己什么，你就会认为肯定是坏话。可这是"最初表象信息之外的事情"。

丢掉判断！若是那样，"受到了伤害"之类的想法也会被消除，抛弃了伤害。（四·七）

　　我们有时会受到他人的诽谤中伤。就算没有到诽谤中伤的地步，也会有人说自己的坏话。即便仅仅想到或许有人在说自己的坏话，心情往往也无法平静。

　　虽然只要一概不听那样的坏话就可以了，但特意那么做就陷入了对方的圈套。因为，特意不听反而成了一种束缚，使自己时时会意识到对方的存在。

　　所以，奥勒留说仅仅知道有人说自己了就可以，不要再做多余联想，要丢掉"受到了伤害"之类的判断。但实际上，无论是自己亲耳听到还是从别人那里听说，一旦有人说自己，人往往就会认为那是坏话，还觉得自己因此被那个人"伤害"或刺伤。

可是，即便确实有人说了自己坏话，那也不意味着我们受到了那个人的伤害。奥勒留说要丢掉"受到了伤害"之类的判断。

我们无法防止别人说自己坏话，这不在我们的"权限之内"。"权限之内"是斯多葛哲学经常使用的词，意思是自己力所不及，无法控制。

我们能做的是，即使有人说自己，也不要做出对方在说坏话之类的判断。即使事实上的确有人说你不好，你能做的只有认为自己并不会因那件事情本身受到伤害。

做出正确判断

> 原文　**不认同任何虚伪的、含混的表象。**（八·七）

　　读了奥勒留"最初表象所展现出的信息是什么就是什么，不要做任何多余联想"这句话，有人将其理解为不做任何判断的意思，其实并非如此。

　　奥勒留不是说不对外在事物做判断，而是说不认同"虚伪的、含混的表象"。当表象被理性所认同时，就能被正确认识。

　　如果听说有人说了自己坏话，我们往往马上就会相信。不仅仅是此类事情，很多事情有些人只听他人之言而不知道真假，若是不非常注意这一点就很容易做出错误判断。

　　当今时代，在社交网络上经常有一些虚假信息，大部分信息都无法得到证实。有人将谣言或假新闻信以为真，不加确认便随意转发，致使虚假信息迅速扩散。

　　即使自己亲眼所见也未必能做出正确判断。含混不清这一点倒能看出来，但却很难判断真假，因此必须不断思考自己的判断是否正确。

　　我们很在意为什么有人说自己坏话，是因为我们不想被人说自己不好。正因为自己无法认可自己的价值，所以才不想被人说不好，一心想给人留下好印象。这一点前面已经讲过了。

即使有人说自己不好，也不认为自己因此受到了伤害，这也是在做正确判断。前面已经讲过了，评价和价值是两回事，即便有人说自己不好，即对自己进行低评价，也不会降低自己的价值，自己不会因那种低评价而受到伤害。

好人不会有坏事

奥勒留说自己不会受到任何人的伤害。

> 原文
>
> 我不会受到他们（犯错者）任何人的伤害，因为，没人能把丑恶强加于我。（二·一）

读了这段话，我想起了苏格拉底说的"好人无论是生前还是死后都不会有任何坏事""我认为良善者不会被低劣者所害"（柏拉图《苏格拉底的申辩》）。

苏格拉底被判决有罪并被处以死刑，但即便是被剥夺市民权、遭受驱逐，甚至被判死刑，他也不认为那对自己来说是坏事或者自己因此受到了伤害。

也就是说，即便他人说自己不好，即使被他人责难或者背叛，自己的内心也不会因此受到影响。

就像前面看到的那样，奥勒留说犯错者并不能加害自己，因为他们无法破坏自己的主导部分（理性）。

Chapter 8

如何应对困难

人际关系很麻烦，

与人打交道势必会产生摩擦，

用奥勒留的话说就是，

会受害或者受伤。

但是，

人生中妨碍我们发展的，

不仅仅是人际关系。

~

没有忍耐不了的困难

原文　　　　一个人生来忍耐不了的事情，不会降临于他。同样的事情若发生在其他人身上，而他们始终泰然处之，不为所伤，要么是他们懵懂不觉，要么是自命不凡。无知和虚荣竟然比智慧更强大，这可真令人不快！

（五·十八）

奥勒留说根本就没有人忍耐不了的事情。"无知和虚荣竟然比智慧更强大"就是下面的意思。

不了解发生在自己身上的事情就是"无知"。如果是年幼的孩子，或许真的不知道发生在自己身上的事情，例如，当父母去世时，孩子不知道那意味着什么。即使知道发生了什么，他们也不明白那会对自己今后的人生产生什么样的影响，所以就算因缺失感而悲伤，他们也不清楚除此之外的意义。

为了炫耀自己了不起而泰然处之且不为所伤则是"虚荣"。奥勒留并不认为这种泰然是好的。苏格拉底接受死刑判决，饮下毒酒从容赴死，但他泰然赴死并不是想要向谁夸耀自己了不起。

与此相对，有智慧的人无论遭受什么样的困难，都会勇敢面对、认真处之，决不会置若罔闻或者虚张声势。也就是，要能够忍受困难。

有时候，仅仅知道有与自己经历相同的人也会备受助益。即便不会因为知道这一点便立刻摆脱痛苦，如果看到他人克服了困难，人们往往会相信自己迟早也能克服。

没有过不去的难关

原文　　　即使你有自己难以完成的事情，也不要认为人人都不可能完成。不过如果是别人能够做到的事情，而且是合乎人性的，那你也应该认为你也一样可以做到。（六·十九）

这段话的意思并不是说任何人都能够做到任何事。它是说在面对诸如父母过世或者疾病死亡之类无法避免的事情时，无论觉得多么难以忍受，都要告诉自己"并非只有自己会经历此类事件，之前很多人都经历过并克服了，你也一定能够克服"。

如果生病了，年轻的时候或许认为很快会恢复，可一旦上了年纪，就会变得非常脆弱，甚至想到死亡。

这时候，一想到像这样病倒的不是只有自己，往往就能从不安中看到希望。

有一位母亲名叫迦沙乔达弥，她失去刚刚学会走路的年幼独生子后，一直沉浸在悲痛之中不能自拔。释迦牟尼告诉她去从未办过葬礼的人家收集白色芥菜籽。她后来才明白根本没有未办过葬礼的人家，死亡是每个家庭都会遇到的事情。于是，她最终接受了孩子死亡的事实。

现代或许有从未办过葬礼的家庭，所以或许无法靠释迦牟尼的这个教导去克服丧子之痛。迦沙乔达弥是在遍访各家的过程中渐渐知道经历过丧子之痛的绝不只有自己。

当然，不是他人克服了苦难，自己就一定能够克服，但面对任何困难都不是前往人类未到之地一般的冒险。

在"前言"部分已经说过了，我读研究生的那一年，母亲因脑梗死住院。妹妹当时已经结婚，父亲还在上班，所以那时还是学生的我平日住在医院里照顾母亲。当时母亲还不需要完全护理，但需要家人陪护，可能是因为病情危急，需要家人随时能够赶到。

我当时就决定将希腊语的书带到病房去学习，不只读专业性的《柏拉图对话集》，还读了《沉思录》。

医院里有各种各样的事情需要处理，所以能够从任何地方开始读也可以随时中断的《沉思录》非常适合在医院里阅读。有时我会一边在大脑中思考着读过的内容,一边在医院屋顶平台上洗衣服。

看着母亲的身体日渐衰弱,我很快意识到母亲已经时日不多。有一天,主治医生告诉我,母亲已经康复无望了。

读了奥勒留"即使你有自己难以完成的事情,也不要认为人人都不可能完成"这段话,我当时就想到照顾生病父母的人不只有我自己。

一天,我从一本书上看到了下面这段话:

"在你们所面对的考验中,没有无法忍受的。神是诚实的,不仅不会让你们经历自己无法忍受的考验,还会随着考验一起为大家准备好退路,以便我们能够顺利通过考验。"

奥勒留只说人无法避开苦难,却能够选择如何去面对它,并强调要志存高远地去忍耐(稍后会分析),但书中写到命运在设置考验的同时也为我们准备了"退路",这一点引起了我的注意。

我那时所经受的考验就是长期照顾生病的母亲。然而之后不久,母亲就如医生所言去世了。

　　我当时就在想，自己避开考验的"退路"或许就是母亲去世吧。那时的我已经非常疲惫了。我甚至想到如果再在医院多待一周，或许自己就比母亲先离开这个世界了。

　　我当时的想法与母亲随后的离世之间并没有因果关系，但我还是深深地责备自己，觉得如果当时我没有那么想，或许母亲就能够活得稍微久一点儿。

　　有过长期照顾或护理病人经历的人肯定希望患者的亲人能够好起来，但或许也有人想要以某种方式逃离那种现实。

　　现在我认为所谓"退路"就是"懂得真正的人生价值并非成功之类的世俗价值"的意思。下一章再讲我为什么能够明白这一点。

　　我在医院里照顾母亲的时候主要是专心看书，但也在笔记本上记录下了母亲的病情和所接受的治疗。我在那本笔记本上还写了一些其他的事情，真可谓是我自己的《沉思录》。

　　母亲去世之后，我又经历过几次大考验，认为正是有了当年在母亲病床前边写笔记边与自己对话的那些时日，自己才能经受住那些人生考验。

　　我长期为护理大学的学生们授课，所以也会在讲课过程中向要参加国家考试的学生介绍奥勒留的这些话。

　　圣-埃克苏佩里的小说《人的大地》中出现的"要对自己说，他人做到的事情，自己也一定能够做到"这句话，我也告诉过学生。

　　参加考试并不是前往人类未到之地一般的冒险，即使失败了也可以重新开始。

　　可是，有人一直担心失败，害怕面对结果。那样的人不是因为面对课题的困难才感到不安和恐惧，而是为了不面对结果才逃避课题。如果是学生的话，若是不参加考试就得不到评价。为了不面对课题，就需要相应的理由，也要制造出不安或恐惧之类的情绪，找一个至少能让自己接受的逃避课题的理由，即使这个理由在他人看来荒唐至极。

　　虽然不知道结果如何，但也只能坦然接受结果。不要什么都不做地活在一种可能性（这里是指过去的可能性）中，事后再遗憾而感伤地想"那时要是好好干或许能做好呢"。摈弃害怕面对结果的不安和恐惧，在过程中好好努力，事后坦然面对结果，如果有必要就重新挑战或者去挑战其他的事情就可以了。

坦然面对，勇于担当

> 原文　　今后如果你遇到令自己悲伤的事情，请记住：这并非不幸，自己能够勇敢面对反而是一种幸福。（四·四十九）

　　人生无法避免遭遇"令自己悲伤的事情"，就像在大海中无法避开波浪，甚至是惊涛骇浪的拍打一样。

　　问题在于如何理解这种遭遇。若是能够"恰当"认识这些人生中的"波浪"，那么它们即便不会马上消失，也会逐渐平静，终至散去。

　　"恰当面对"并非不去悲伤，实际上也不是过度压抑内心的强烈悲伤。那样的事情也无法做到。

　　母亲去世后，我与母亲的遗体一起从医院回家。父亲后来跟我说，当时看到我的状态，非常担心我也随母亲而去。那时我并没有察觉到自己竟然那么伤心憔悴。

那时我虽然伤心欲绝，但还是觉得绝不可以在人前痛哭流泪。现在想来，当时极力封锁内心悲伤的做法或许拖慢了我走出母亲离世悲痛的步伐。

但是，不封锁悲伤不是指任悲伤情绪肆意蔓延。无论死亡是什么，那也肯定是一种离别。即便不是死别，即使知道还能与一起生活过一段时间的人再相见，离别也总会令人悲伤。

痛失父母或亲密好友不可能不悲伤，再也无法见到逝者这件事情实在令人难以接受。但坦然接受这种悲伤就可以了。

倘若不在悲伤中迷失自我，即便是像迦沙乔达弥那样无法立刻接受亲人离世，迟早也一定能走出悲伤，重新振作起来。即使当时没办法做到也没关系。相信自己终有一日能够重新振作起来的人不会屈服于悲伤。

经历过痛失家人者，尤其是那些曾因意外事故突然失去家人者往往无法抹去内心的伤痛，是因为没有任何心理准备。那么，经过长时间治疗的家人去世时，家属们是否就能做好心理准备呢？并非如此。

即便如此，只要稍稍走出悲伤，终有一天会发现自己竟然不再一直想着亡故者了。

那绝非是薄情。若是逝者能够以某种方式窥见家人的生活，得知自己走后家人并没有食不下咽、哭泣不止，而是努力恢复原来的生活，也会倍感欣慰吧。这一点前面已经讲过了。

Chapter 9

不要固执于
无记之物

美德是善，

败德是恶，

其余之事都是"无记"之事。

本章讲了

应该如何面对无记之事，

如何明了何谓善，

何谓恶。

~

原文　　生与死、荣与辱、苦与乐、富与贫，这一切都不分美丑，对好人坏人也一律平等。所以，这些都既不是善，也不是恶，也就是无记。（二·十一）

这里列举的平时被认为善或恶的事情，奥勒留却说其是"无记"或者（善与恶的）"中性"。意思就是其本身既不是善也不是恶。真正能称为善的只有美德，唯有败德是恶，其他都是无记。

前面已经讲过好几次了，希腊语中的"善"是"有好处"，"恶"是"没好处"的意思。有时候，即使拥有财富或荣誉，也未必对自己有好处，也就是，不是善，反而是恶。

即使拥有财富，也可能因为赌博之类的事情遭受极大损失，瞬间失去。亲人之间还有可能因为财产继承问题发生争斗。即便是现在说你好的人，有一天也可能会突然变脸说你的坏话。荣誉有时也会转瞬变成耻辱。

不在意

应该如何面对这些无记的事物呢？对此，奥勒留这么说：

原文

人的灵魂中潜藏着一种巨大的力量，倘若不在意那些无记的事物，就可以活得无比美好、高贵。若是将这些无记的琐事一一分析并做整体审视，就会明白它们本身并没法植根于我们心中或者左右我们的思想。其实这些无记的琐事本身是静然不动的，我们大可不必主动对其做出判断并铭刻于心、耿耿于怀，就算一不小心受其所扰、被其所困，也可以立即将其从心中清除出去。并且，只要心中有坚定的目标和高贵的方向，就不会在意这些无记、无关痛痒的琐碎之事。

（十一·十六）

原文　　要保持纯朴的赤子之心和谦卑的君子之姿，不要在意那些介乎美德与败德之间无记的事物，充分发挥你自身的潜能、绽放你自己的光彩。以宽厚之心去爱人，用虔诚之心去敬神。（七·三十一）

奥勒留说倘若"不在意那些无记的事物"，就可以活得无比美好、高贵。怎么才能不在意呢？因为它们无记，所以就不必去判断其善恶。无记之物"本身并没法植根于我们心中或者左右我们的思想"。也就是说，对无记之物本身并不需要做出善恶判断，但人却往往会判断其善恶，并且，那种判断大多存在偏误。但人们事后却不愿纠正"植根于心中"的判断。

死亡本身既不属于善也不属于恶，但很多人却将其判断为恶。一旦做出那样的判断，人往往就会陷入对死亡的恐惧之中，无法再感受到生命的喜悦。

成功获得财富和荣誉也属于无记之事，但很多人都会基于常规思维，孜孜不倦地追逐名利。这样的人即便成功获得财富，也依然会活在失去它的恐慌之中。倘若他们无法取得成功，就没法幸福生活。

须明善恶

为了判断哪些事物既非善也非恶，就必须知道何谓善、何谓恶。若是如此，奥勒留虽然说不要在意无记之事，但仅仅如此还不够。

为什么必须视有些事物为无记呢？因为谁都不知道自己何时会失去一些事物。

能够恰当运用理性去判断何谓善、何谓恶，希腊语将这种状态称之为"αρετή"。这个词往往被翻译为"美德"，但希腊语本来的意思是说优秀者的"优秀"（优越性、卓越性）。

何谓优秀，什么才算卓越，不同的时代或社会有不同的判断标准。有的时代，军人或出身高贵者会被视为优秀的人；也有的时代，政治家会被视作优秀的人。

在希腊，过去很多青年的目标都是当政治家，成为国家屈指可数的人物。那时候，只要博学多识就能够成为政治家，与出身无关。所以，当时的青年们很多都会跟一些被称为"诡辩家"的有偿讲课的职业教师学习成为政治家所需要的言论能力——诡辩术。

诡辩家成功当上政治家究竟是善是恶，当时并没有人过问，但批判过诡辩家的苏格拉底认为，能够判断何谓善、何谓恶的人才是有智慧的人。

　　苏格拉底与青年们辩论，撼动了当时的世俗价值观。因此，他败坏青年为由被起诉，并被判处死刑。当今时代，成功也被认为是善，但成功究竟是否真的是善，也就是它能否令人幸福，认真思考这个问题的人并不多。很多人都认为成功比失败好，健康比生病好，有钱比没钱好。也许很多人认为这是理所当然的道理。但是，哲学会令人静下心来重新审视这些既成的世俗价值观。

　　奥勒留认为财富、地位、成功之类被视作善的事物本身是无记的，也就是既非善也非恶。

　　苏格拉底认为财富、地位、成功之类的事物如果有智慧相伴就会成为善，若非如此就会成为恶，令拥有它们的人陷入不幸。苏格拉底所说的智慧是指善恶之知，也就是懂得善恶。就像前面看到的那样，在任何状况下，善恶都不能简单地一概而论。

　　有钱往往被视作好事，实际上，有钱确实能够令人免受很多生活之苦，但若是不懂或者搞错了花钱之道，有时也会令人陷入不幸。那些有钱但品行败坏的人也是缺乏善恶之知。

苏格拉底在法庭上当着法官的面对众人说：

"你们一心只想着攫取尽可能多的金钱，博得美名或荣誉，却丝毫不在意真理，也不关心如何能使自己的灵魂更加高尚，你们难道不为此感到羞耻吗？"（柏拉图《苏格拉底的申辩》）

即使对于苏格拉底来说，金钱、美名或者荣誉也并非是善。为了获得幸福，必须认真思考这些事物是否是善，也就是是否有好处。任何事物都不能脱离具体状况简单地判定善恶，所以才需要不断地检验。

过好辛苦人生

相反，即使是生病和父母亡故一类被认为是恶的事情，实际上也并非恶，如果这些事情降临到自己身上时能够得到恰当的处理对待，它们也能成为善。倘若懂得这个道理，就能顺利度过这辛苦的人生。

> 原文
>
> "我是多么不幸，竟然遇到这样的事情！"
> 不，应该这样说："虽然遇到了这样的事情，但
> 我却并未被它打垮，既没有沉溺于痛苦，也没
> 有恐惧未来，这样的我多么幸福啊！"因为，
> 这样的事情有可能发生在任何人身上，但并非
> 人人都能不为所伤、安然度过。（四·四十九）

　　遇到悲伤事件或者痛苦状况时，人往往会想为什么唯独自己这么倒霉，或者觉得自己极其不幸，但那些事情未必是令自己陷入不幸的恶，它们本身可能其实是无记之物。

　　治愈悲伤、摆脱痛苦虽然需要花费很长时间，但奥勒留说发生在自己身上的事情本身并非不幸，坚信自己不会被命运打倒，有能力摈弃不安与绝望，勇敢乐观地面对未来，这其实是一种幸福。

　　身处不幸旋涡中的人很难这么想问题，但就像前面已经看到的那样，奥勒留说的"即使你有自己难以完成的事情，

也不要认为人人都不可能完成"这句话同样也适用于不沉溺于痛苦这件事。

他人也是无记之物

不仅仅是生病、衰老及遭遇灾害之类的事情，他人也是无记之物。

原文　　一方面，只要是必须忍耐并善待的人，对我们来说就是最亲密的存在。但只要有人妨碍我们本来的使命，那人便如同太阳、风、野兽一样成了无记之物。（五·二十）

恰似太阳会因其强烈的光线妨碍人的活动一样，与人打交道时会有一些"必须忍耐"的事情。但是，并非所有人都是令人讨厌的人，即便是同一个人，也不会总是苛待自己。

即使对那样的人，也必须"为其贡献"。

正因为人处于那么亲密的关系之中，一旦发生碍事之类的情况，就会成为恶。不过，奥勒留说人是无记之物。走在酷热的阳光下的确很难受，但若是没有阳光照射，庄稼就不会成熟。他人以及自己并非一定就是好人或坏人。

> 原文　　或许有些事物会妨碍我们的行动，但若是不在意或者换种看法，它们就不会损害我们的意志和心理状态。因为，愿望和心理状态可以将妨碍自己活动的事物统统变成一种助力。然后，妨碍工作的事物会成为助益工作的事物，阻挡去路的事物会成为促进前行的事物。（五·二十）

奥勒留说即使他人有时会妨碍自己的行动，也可以将阻力变成助力。正因为有阻力，才会努力寻找克服阻力的方法。可以试着这么去想问题：满怀热情做的事情却受到了他人的阻挠，这或许是因为自己做的事情还有进一步改善的空间。

与其说他人有善有恶，倒不如认为他人就像外在发生的事件一样，即使阻挡了自己的去路也不在自己可控制的范围之内。因此，为了将他人变成"助力"，必须认真思考什么是能够做的事情，并且还要尽可能地友善待人，要想方设法为他人谋福利。

生和死是无记的吗？

关键在于，善恶判断只能由本人去做。即便生病不是一件好事，如果一味只知道哀叹生病，也只能徒增痛苦。

当症状稍微缓解一些能够出院的时候，或许有人认为病倒虽然很痛苦，但通过生病的经历也学到了很多。生病之前过于相信自己的健康状况，一心扑在工作上，过着工作狂一般的生活，但自从生病以来，自己的生活态度有了很大改善，从某种意义上来说这还是得益于生病。这是我在因心肌梗死病倒时获得的感悟。

不过，生病也有好处之类的话可以病人自己说，但并未生病的他人不能这么对病人说。旁人说的时候是想要鼓励病人，但病人听了却不怎么高兴。因为，从病人的角度来说，可能会觉得这是"站着说话不腰疼"，或者认为对方不了解生病的痛苦。

奥勒留认为生死是无记的，但我认为将生和死视为无记是有问题的。因为，一旦活着这件事本身不被判定善恶，那就等于说存在恶的"生"、没有用的"生"。

绝没有即使活着也无用的生命。有人会认为自己净给人添麻烦，实在不应该继续活在这个世界上。问题在于，生命的价值可能会由别人或者社会决定，即使没有人直接说"什么都做不了的你已经没有价值了"之类的话，本人也会认为或许大家都觉得他没有生存价值了。关于这一点，在分析奥勒留关于死亡的看法时还会进一步讲解。

Chapter 10

接纳命运

或许当今时代
还有很多人使用命运这个词。
当人生不如意时，
人们往往会说
"这都是命"之类的话。
本章就来思考一下
如何应对前面提到的种种困难，
尤其是往往被认为
难以与之抗争的命运。

~

一切都是命运吗？

原文　　　　神的安排都充满着神的意志。属于命运的一切事件的发生也不与自然相悖，离不开神之意志的支配与安排。并且，万物皆由神而来。而这也有益于包括你在内的宇宙整体。

（二·三）

　　奥勒留说这个世界上没有偶然，一切皆在上天的安排之下依照正义之理发生，并且，所发生的事情都有益于宇宙整体。

倘若像这样，一切皆依照命运的安排发生，那就必须思考从哪里寻找活着的意义。

那么，所发生的事情都是偶然吗？或许有人认为不能这么说。关于命运，三木清这么说：

"在人生中，任何事都是偶然，但又都是必然。我们称这样的人生为命运。倘若一切都是必然，那就不会有命运。同样，如若一切都是偶然，那也不会有命运。正因为偶然中包含着必然，必然中包含着偶然，人生才是命运。"（《人生论笔记》）

在人生中，任何事都具有必然和偶然这两面。如果一切皆为偶然，就无法思考命运。相反，如果一切都是必然，也无法思考命运。

在路上与某人擦肩而过是一种偶然，谁都不会认为这是命运。从手里落下的石子即使落到地面上，恐怕也不会有人认为石子碰到地面是石子的命运。

如果一切都像自然规律一样预先定好了，那无论自己做什么，结果都一样。正因为认为所发生的事情并非必然，也蕴含着偶然性，才认为它不是必然而是命运。

　　相反，倘若认为所发生的一切事情都是偶然，那就不仅明天的天气难以捉摸，恐怕下一刻发生什么也无从知晓。若是如此，也就无法对要做的事情加以预判了。

　　我想很多人都真切体会到人生无法活得自由自在、毫无拘束。可是，有人会说自己的人生事事如意。那么说的人也许是没有经历过挫折，抑或在经历不如意之事的时候并未正确理解自己身上发生了什么吧。因为我从未想过一切都会顺心如意，所以非常惊讶于竟然还有人自信地认为人生会皆如己愿。

　　拼命学习却名落孙山之类的事情，事后回想起来的话，倒也不是什么无法补救的重大挫折，但当时却无法那么豁达地去想问题。

　　失去工作或者父母亡故之类的经历是比没有通过考试更大的事件，很多人都会经历此类挡住人生去路的事情，除此之外也会遇到使自己人生完全改变的人，那样的相遇也不能认为是偶然。人们有时会使用"邂逅"这个词。

　　关于命运，哲学家九鬼周造这么说：

　　"当偶然事件对人的生存具有重大意义的时候，我们就

称之为命运。"（"偶然和命运"《九鬼周造随笔集》）

　　意义是自己赋予的。我们无法过一切皆如己所愿的人生，但是否能够在制约之中也不受命运摆布极力生长呢？再来看一看奥勒留关于命运的观点吧。

欣然接纳

> 原文
>
> **要活得通透豁达，既不苛求也不逃避。**
>
> （三·七）

　　若是仅仅读这句话，看上去似乎在倡导一种消极的生活方式，但我们还必须看清奥勒留为什么这么说。

> 原文
>
> **主动将你的一切教给克洛托，任由她按照神的意志编织你的命运之线吧！** （四·三十四）

克洛托是三大命运女神之一。在命运三女神中，拉克西斯掌管过去，阿特洛波斯掌管未来，而克洛托掌管现在。

> **原文** 唯有理性动物才会主动适应所发生的事情，其他一切生物必定只会盲目顺从。（十·二十八）

奥勒留在这里也使用了主动适应这一说法。健康的眼睛会看到一切能够被看到的事物，不能说只愿意看到绿色。耳朵和鼻子也一样。

> **原文** 所以，健全的心必须能做好应对一切的准备。渴望孩子获救或者希望自己所做之事都获得赞美的心，就如同只愿看到绿色的眼睛和只想咀嚼柔软食物的牙齿。（十·三十五）

　　任何事情都不可能完全按照自己的意愿发展。岂止是希望孩子获救，可能有的父母还希望只有自己的孩子获救。痛失多个孩子的奥勒留或许也无法平静地接受降临到自己身上的这种不幸吧。

　　即便不是什么变故，他人也可能会妨碍自己，这在前面已经讲过了。"希望自己所做之事都获得赞美"的人往往认为他人都是为了满足自己的期待而活，但事实并非如此，当然也会有反对自己观点的人。

原文
要热爱并迎接神为自己编织的命运！
（三·十六）

　　德国哲学家尼采使用过"命运之爱"这个词。

　　"表示人类的伟大，我的公式就是热爱命运。不要想着命运的其他可能，未来不要，过去不要，永远都不要。不是仅仅去忍受必然，也不要去逃避。一切理想主义在必然面前

都是虚伪的。不要追逐虚无，要去热爱必然的事物，热爱自己的命运。"(《瞧，这个人》)

就尼采看来，这世上的事物皆是必然，不会有其他不同的安排。这一切都会一直循环往复。奥勒留也说：

> 原文　　**所有的事物永远都会以同样的形式循环往复。**(二·十四)

奥勒留认为发生的所有事情都正确，要接纳并热爱它们，尼采则提出要老老实实接纳命运的"命运之爱"思想，但我却有些抵触这两种观点。我完全无法认同降临在自己身上的不幸都是正当的、应该发生的。因为，倘若发生在自己身上的不幸都是"符合自然的""正确的"，那就不会发生不幸、不合理的事情了，也就不会存在恶了。即使那样的事情真实上发生了，也有一定的意义。

主动将自己交给命运是怎么回事呢？在思考分析了被认

为是阿波罗孩子的名医、后来成为医神的阿斯克勒庇俄斯的处方后，奥勒留说明如下：

> **原文**
>
> 据说"阿斯克勒庇俄斯曾为人开出骑马、洗冷水浴、赤脚走路这样的处方"，而下面的话也具有同样的意义："万物之自然为人开出（分配）了处方：疾病、残障或者其他类似的事情。"
>
> 为什么呢？因为，就前者而言，"开出处方"意味着"让人这么做有助于健康"。就后者来说，"发生在各个人身上的事情是神的安排，相应于命运分配给他的份额"。（五·八）

"发生"（symbainein）有"符合、一致、贴合"之类的意思。这就像是工匠们将方形石块放在城墙或金字塔的某个位置，以使整个结构稳定协调一样。

原文

　　总之，万物皆有和谐，就像宇宙是由所有物体汇集成一个和谐整体一样，命运由一切因缘汇集成一个总因。（五·八）

　　当某些事情发生在自己身上时，人们往往会说"都是命运的安排"，是上天开出的处方。所以，奥勒留说要接纳命运，就像是接受阿斯克勒庇俄斯开出的处方一样。

原文

　　的确，这处方中有很多"苦药"。但是，因为渴望健康，所以才会欣然接受。（五·八）

　　奥勒留说必须像对待健康那样去思考自然认为对你有益而安排好的事情。

> 原文　　所以，对于发生的一切，即便是觉得痛苦，也要欣然接受。(五·八)

因为，那么做有利于"宇宙的健康"和"宙斯大业的开展与成功"。奥勒留将管理宇宙者称为"宙斯"。

> 原文　　如若不是有益于整体，宙斯或许不会让某个人遭遇某件事。因为，任何自然都不会让不合适于其所管理的事物发生。(五·八)

问题是，就个人而言，即便是"苦"处方，也明白那对健康有好处，如果利于获得健康就会主动服下医生开的药，努力改善病情。但是，究竟能否用个人的健康来类比"整体的利益"，这一点必须认真思考。

如果是药，就能够让人明白它对人体"整体的利益"的好处，但突然病倒或者天生羸弱，又或者身体残疾，还有失去（痛失孩子之类的事情），等等，若是对当事人说要接受命运安排倒还可以，但倘若对其说因为对整体有用所以要接受，如此劝导恐怕当事人无法轻易接受吧。

我认为那些个人难以接受的事情也很难因为对整体有益就被欣然接受，这样的事情也难以被接受。

存在即为善吗？

> 原文
>
> **符合自然者，无一为恶。（二·十七）**
> **所发生的事情皆为应该发生的。（四·十）**

如果这个世界有天意，所发生的事情都正确合理，那衰老、生病、死亡、灾害等就全有意义，但这么想或许只会陷入对一种现状的追认之中。

　　即使对自己来说无比悲惨的事件，若是从宇宙整体来看坏事也具有某种意义，想到这里便接受它，人们究竟能不能做到这点呢？

　　的确，地震或海啸之类的天灾是人类无能为力的事情，但核电站事故显然属于人祸。因为，如果没有核电站，就不会发生核电站事故。如果认为这样的事情也是理应发生的才发生了，那倒是非常符合执政者的意愿。关于这一点，最后一章中还会再次进行分析。

　　就个人的事情而言，倘若之前并不怎么留心健康的人因为生病，改善了生活方式，或许可以说那是善。不仅仅是生活习惯，或许也有人会重新审视自己的价值观。比如，之前一心只为工作而活的人在生病之后才发现有比工作更重要的事情，继而不再只为工作而活。

　　但是，之所以感到幸亏生了一场病，或者认为生病也具有一定的意义，那是因为以最终康复作为前提。若是病情恶化继而死亡，或许就不会说"幸好生病"之类的话了。

　　下一章来看看奥勒留关于死亡的看法。

Chapter 11

关于死亡

对奥勒留来说，

死亡是一个非常迫切的问题。

他在连年不断的战乱中亲赴前线，

目睹许许多多兵士的死亡。

奥勒留自己肯定也常常是九死一生。

本章讲了奥勒留对死亡的看法。

～

　　人生很辛苦，即使来到这个世上，也只是"旅人的短暂停留"，在这个世界上活过这件事很快就会被人遗忘。自己也会忘掉活着时的所思所想、所感所受，不仅如此，自己或许也会归于虚无，当想到这些的时候，我就会感觉活得很空虚。在弟弟、祖母、祖父相继去世一年左右的时间里，我常常有这种感受。一读全篇都充斥着无常感的《沉思录》，就会想起那时候。

　　认为死亡是"各种生物向最初合成元素的解体"的奥勒留似乎并不相信灵魂不死。对奥勒留来说，死亡是一个非常迫切的问题。当今有些政治家身处安全圈之内，却常常鼓动人们保卫祖国的情绪，而奥勒留在连年不断的战乱中亲赴前线，目睹许许多多兵士的死亡。奥勒留自己肯定也常常九死一生。另外，他还看到过家人的死亡，因此他也会强烈意识到自身的死亡。

没有不死之人

原
文　　　一切生物本质上都会死亡。（十·十八）

　　"一切生物本质上都会死亡"，这一点谁都知道。尽管如此，或许还有很多人莫名觉得唯独自己不会死。当然，也可以说正因为那么想才能活下去。柏拉图借助苏格拉底说"人必须死得宁静而安详"（《柏拉图对话录·费多篇》），但人直到人生的最后一刻都不想死、想活着，这是很自然的事情，若有人说不可以留恋这个世界，那他似乎不懂将死之人的心情。

　　活着的人，谁都无法体验自身的死亡，更不要说去理解他人的死亡。死亡是什么，只能在观察他人的死亡之后去想象。

　　但是，他人的死亡与自己的死亡存在决定性的差异。他人如果死了，就会从我们生存着的世界消失。从这个意义上来讲，他人的死亡就是"不在"，但即使他人不在这个世界上了，世界也不会因此消失。

　　但是，如果自己死了会怎么样呢？因为没有死后复活的人，所以人们并不清楚这个问题的答案。但是，就像奥勒留认为的那样，如果死了就会归于虚无，自己曾经活过的世界也消失，也是一种可能性。

　　人们并不容易接受"不在"的感觉。我今天早上醒来了，但是故去的人今后再也不会醒来。不久前还与自己在一起的人现在究竟去了哪里呢？肯定不是在这个世界。

　　倘若不在这个世界，那还在这个世界上的人，就无法再见到故去之人。三木清曾说：

　　"我知道，即使我能够活一百万年，我也不会再于这世上与他们相见了。这种概率为零。当然，我也不清楚自己死后是否能见到他们。或许谁都无法断言那种概率为零，因为没有人去过死后世界。在比较两种概率的时候，后者或许比前者的可能性更大一些。如果必须赌一个的话，我也许只会

选择后者。"(《人生论笔记》)

　　正如三木清所言，死后未必就能够再次见到之前死去的人。但是，也不能说那种概率完全为零。能够确定的是，只要还活在这个世上，就绝对无法再见到死者。

　　"我对死亡的恐惧日渐淡薄，是因为与自己亲友死别的经历逐渐增多。倘若我能够再次见到他们——这是我最大的希望——那只可能在我死后吧。"(《人生论笔记》)

　　对于最大的希望就是能够再次见到已故亲人的三木来说，如果要再次见到故去者，就只有寄希望于自己死后了。

　　即便明白这是不会实现的愿望，也会有人希望能够再次见到已故亲人吧。

　　"不在"这个词可能还是不太贴切。人都活在与他人之间的联系中，虽然自己与他人是相互独立的个体，但就像物体一样，相距或远或近，并非相互之间毫无关系。有的人相距较远却感觉很近，相反，有的人相距较近却感觉很远。为什么会感觉与有些人关系较远却与另外的人关系较近呢？因为，人与人并不像物体那样彼此之间各不相关，而是存在着一定的关系。

　　如果是关系亲近的人，有时甚至会感觉自己不再是认识对方之前的自己了。

　　尤其是在爱上谁的时候，更会有类似体会。就算不至于觉得活着的已经不是自己了，或许也会感到自己不再是一个人活着了。如果爱上一个人之前和之后没有任何变化，那肯定不是真正的爱。

　　这样的两个人若是被死亡分开，那就不得不体会到"不在"。自己的一部分会失去，进一步讲就是，自己的一部分会死去。

　　对死者来说也是一样。因为，若是死者以某种方式继续存在，那在死者所在的那个世界，对死者来说生者是"不在"的。

　　谁都不知道死亡对自己来说究竟是怎么回事。但是，有一种可能性是，死亡就是归于虚无，自己曾经活过的世界也与自己一起消失。倘若如此，那又应该如何度过活着的时光呢？稍后会看到奥勒留对这个问题的看法。

自然的奥秘

原文　　**死亡与出生一样，都是自然的奥秘。（四·五）**

　　可能也有孩子出生时无法尽情欢喜的人，所以，我们并不能一概而论地说谁都会因孩子的诞生而欢欣喜悦，但无论在什么状况下，仅仅看到刚刚出生孩子的小模样，人们就会心生感动，不知不觉露出笑脸。而有人去世时，旁边的人一般不会为此感到喜悦，往往会心生悲伤。这两种情况形成鲜明对照。

　　"死亡与出生一样，本人没有选择余地。"如果将死亡看作宇宙中发生的自然现象，或许就不会对此感到恐惧和悲伤了。

　　就像不为出生悲伤一样，也没有必要对死亡感到悲伤或恐惧。但也有人认为降生到这个世上就是一件痛苦的事情。孩子生下来的时候，父母和孩子都不知道孩子今后会有一个什么样的人生。因为，与其说未来"尚未到来"，不如说根本"不存在"，谁都不知道有什么样的命运在等着自己。

我们无从知道自己的人生中将发生什么，并且也不一定就全是辛苦，因此，根本不能一开始就断定今后的人生很痛苦。

因拥有巨大财富而闻名的吕底亚王国国王克洛伊索斯曾问希腊七贤之一的雅典政治家梭伦："在你所见过的人中，最幸福的人是谁？"（希罗多德《历史》）。克洛伊索斯本以为梭伦会说出他的名字，但梭伦给出的最幸福的人的名字却是克列欧毕斯和比顿兄弟俩。

有一次，兄弟俩打算带母亲去参加赫拉女神的祭典。那时候，母亲会乘坐牛车去神社参加庆典，但因为拉车的牛还在田里干活，一时半会儿回不来，于是两兄弟便亲自拉着牛车带母亲去了神社。

母亲向神祈祷，希望神能够赐予她孝顺的儿子"人所能得到的最好的东西"。庆典活动结束之后，在神社沉睡的两兄弟再也没有醒过来。

对于孝顺的孩子来说，最大的幸运就是早亡，这恐怕很难令人接受。但梭伦对克洛伊索斯说："人在活着的时候不

得不看到一些自己本不想看的，遭遇一些自己本不想遭遇
的。"或许的确如此。

柏拉图在《厄庇诺米斯》中写道：

"对于任何生物来说，出生便意味着痛苦的开始。"

即，对于那时候的希腊人来说，不出生就是最大的幸
福，排在第二位的幸福便是出生之后尽早死去。

如果了解希腊人这样的生死观，就不得不认为"死亡是
恶"只是一种自我想象。

除此之外，出生和活着也并不一定净是痛苦。

经历过长崎原子弹事件的作家林京子说：

"十四岁便死去的朋友们既没有见识过青年的俊美，也
没有被温柔而有力的手臂拥抱过，就那么走了。多么希望她
们也能尝一尝恋爱的快乐和痛苦。"（《漫长的人间体验》）

当然，恋爱不一定会有好结果。失恋的痛苦往往会超过
恋爱的快乐。即便如此，也得承认正因为活着才能经历痛
苦。我的朋友留下幼小的孩子年纪轻轻就去世了，他曾经
说，如果看不到女儿长大成人，就是死了也会不安心。朋友
不知道孩子及自己的人生会怎样。

　　同样的道理也适用于死亡。没有人知道死亡是怎么回事。对于不了解的事物，人会感到不安，但没必要恐惧。就像前面已经看到的那样，奥勒留说生和死本身既谈不上善也谈不上恶，是无记之事。

　　即使不知道今后会如何，当下活着是既定事实，没有理由不为此感到开心。

> 原文　　死亡究竟是什么？如果能够只看死亡本身，并用理性加以分析，来剔除那些关于死亡的各种表象，或许就会明白它只不过是一种正常的自然法则而已。若是害怕自然法则，那就无异于孩童。（二·十二）

　　仅仅将死亡看作是一种自然法则，不必附加一些"关于死亡的联想"。必须正确判断人是否对死亡这一表象加上了主观判断。

"若是害怕自然法则，那就无异于孩童"，这句话令我想起了《柏拉图对话录·费多篇》中的下面这句话：

"或许我们心中都住着一个害怕那种事情的孩子。"

但是，恐惧死亡，无法视死亡为生命运行过程的反而是大人。

原文　　活动、情感与思维的停止是一种休止，也可以说是死亡，却不是恶。来看一看人生的发展阶段——幼年期、少年期、青年期、老年期。在这些人生不同发展时期的每一次变化都是死亡。但是，这些变化不也没有什么可怕的吗？再来看一看你分别在祖父、母亲、父亲身边的生活吧，你还会发现其他类型的消失、变化和停止。想来是不是也没有什么可怕之处？就这样，你整个人生的终结、休止和变化也根本不可怕。（九·二十一）

> 不要蔑视死亡，要将它也视作一种自然规律。年轻、衰老，成长、盛年，长出牙齿、生出胡须、出现白发，授精、妊娠、分娩，等等，以及许多其他自然活动，解体（死亡）也是其中的一种。（九·三）

奥勒留在这里也将死亡视作自然现象的一种。但是，将衰老视为自然现象也不容易。人一旦上了年纪，身体机能衰弱，疾病也会随之增多。容颜衰老，还会变得愈来愈健忘。

"衰老"只是一种向年老的转变，但人们却往往否定性地认为年老是一种衰退。借用奥勒留描述死亡的话来讲，去除关于年老的联想就可以了。

相反，将由幼年期、少年期到青年期的变化理解为衰退的人并不多。这是因为长大之后就能够做小时候不能做的事情，身体也会为了满足这种欲求而努力成长。

　　可是，除了身体方面的成长，长大之后做什么事都得负责任，因此，或许有人想回到什么都不必由自己决定，也不需要负责任的孩提时代。但很少有人会否定性地去理解向青年期的变化。

　　死亡只是由生到死的一种变化。可是，人们往往会对死亡做一些否定性的联想。因为，一旦上年纪或者生病，很多活动就会受到限制，而一旦死亡，包括智力活动在内的一切活动都会停止。奥勒留却认为死亡也只是一种自然现象，一种变化。

　　幼年期、少年期、青年期、老年期之类的变化或者居住场所的变化，有时会伴随着环境等的巨大变化。就年龄方面而言，孩提时代的自己和上了年纪之后的自己，从外表来看就存在巨大变化，但并没有变成另外一个人。

　　若是将死亡看作老年期的下一个阶段（当然，也有尚未迎来老年期就死亡的情况），或者将死亡比作变换居所，那就能自然而然地认为在经历了死亡这一身体变化之后，灵魂依然存在。

　　关注"休止"这个词的研究者法夸尔森指出死亡可能是

双纵线（double bar）[1]，遇到双纵线并不意味着音乐终止了，而只是为了再次开始而暂时休止。

不蔑视死亡

> 原文
>
> 若是明白了死亡乃是自然之道这个道理，便不该对死亡采取冷漠、焦急或者蔑视之类的态度，而应该将其视为自然运行的一个过程，从容等待那最后的时刻，迎接你的灵魂脱离容器（肉体）之时的到来，就像等待新生儿从你妻子的腹中脱新生而出。（九·三）

一说"灵魂脱离容器（肉体）之时"，往往容易使人产

1　编者注：在乐理中，双纵线一般表示一个乐段的结束。

生消极联想。其实，这句话仅仅是说灵魂离开身体。

"对死亡采取冷漠态度"是说不关心死亡，所谓"焦急的态度"是指轻易选择自杀，"蔑视的态度"是说认为唯独自己不会死或者根本不思考也不愿思考死亡。

奥勒留在这里将死亡比作孩子从母亲腹内生下来，是说就像时候到了婴儿会自然出生一样，活得通透的人应该从容迎接灵魂脱离肉体那一死亡时刻的到来。但就像后面看到的那样，这与认可害怕精神能力衰退的人自杀之间似乎有些矛盾。在精神能力衰退前自杀，这或许也是在对死亡采取冷漠态度吧。

死亡有益于自然运行

关于变化，奥勒留这么说：

> 原文
>
> **有人害怕变化吗？但什么能离开变化而生呢？有什么比变化更符合自然之道，更接**

> 近自然本质呢？如果树木不发生变化（变成柴），恐怕你自己也无法沐浴吧？如果食物不发生变化，或许你就无法摄取营养吧？离开了变化，我们能完成那些人生中有意义的事情吗？既然如此，你还看不明白吗？你自身的变化也是一样，同样是自然运行之必要。
>
> （七·十八）

所谓"有人害怕变化吗"，其实是奥勒留在问自己"你是否害怕变化"。

前面我写到衰老和死亡也都是一种变化，并且仅仅是一种变化，不含有任何否定意义，但奥勒留将变化视为好事。这里所谓"你自身的变化"是指死亡。

> 原文　　*并且，死亡不仅仅是一种自然运行活动，它还有益于自然。*（二·十二）

正如前文所言，奥勒留说死亡对整个自然（宇宙）以及作为其中一部分的人来说都不是恶，而是有益之事。

所谓有益于自然，就是说整个宇宙通过其组成部分的死亡而不断获得发展、更新。即使这么说，我还是无法接受。

> 原文　　*要形成这样的思维习惯：一切事物都因变化而生。自然最喜欢使现有事物发生变化，然后再制造出同类型的新事物。*（四·三十六）

这句就是说自然喜欢变化。人的死亡对个人来说是一种变化，也可以使自然获得更新。

> **原文** 决定行为停止时期和界限的是自然。
>
> （十二·二十三）

老年期的来临有时也会受个人身体或性格的影响，但人什么时候死亡却是由自然来定，所以人没有什么选择余地。

这里翻译成了"时期"，希腊语中它也是"良机""适当的时候"的意思。但是，死者本人及其家人或许无法认为死亡还有"良机"吧。

> **原文** 有益于整体的事物全都总是美好而合时宜的。如果生命是否停止没有选择余地的话，那它也并非丑恶事物。因此，死亡对各个人来说不是恶，它对于宇宙整体而言是适时的、有益的、一致的。（十二·二十三）

　　奥勒留认为死亡对整体来说的善对各个人来说也是善，但我并不能认同这种观点。

无论死亡是什么

原文

　　要坚定、从容地去做应该做的事情，无论你是在寒风中瑟瑟发抖还是在享受温暖舒适，无论你是沉沉欲睡还是精神抖擞，无论你是被人中伤还是受人赞美，无论你是垂垂将死还是正在忙于劳作。

　　因为，我们的死亡也是人生运行的一个过程。所以，到了最后的时刻，只要好好处理眼前的事情就可以了。（六·二）

　　奥勒留说无论发生什么，即便是濒临死亡，在做应该做的事情时也不可以改变态度。这里所说的"应该做的事情"

在其他地方有时也被说成"义务"。

无论自己正处于什么状态，对应该做的事情时都不改变态度，可能有人觉得很难做到这一点。有的人情绪会很不稳定。从早上开始便一脸不悦地朝人胡乱发脾气的上司，往往会令人很头疼。看到那些就算不朝人胡乱发脾气也一脸不高兴的人，周围的人也会对其格外小心。我曾经在一部电视剧上看到有位上司大声呵斥部下说："别让周围人操心！别那么幼稚！"

有的人即使心情不坏，也看上去一脸疲惫。阿德勒或许会说采取那样的态度是有目的的。面对那些喊着自己很累的人，人们往往就不能再对其委以责任重大的工作。也可以说，这样的人是为了不被委以重任才故意表现出一脸疲惫。

原文　　我尽我自己的义务。其他的事情不会分散我的精力。（六·二十二）

　　这里所说的义务（应该做的事情），也许并不仅仅指作为皇帝的义务。它也是指符合人性的事情，还有遵循自然的恰当生活。

　　关于死亡也是一样。死亡并非什么特别之事，只是跟其他事情一样的人生运行过程。所以，就像无论自己处于什么状态都必须去做应该做的事情一样，无论死亡是否正在向自己靠近，我们都只能尽力完成自己应该做的事情。

　　如果存在身体方面的不适或痛苦，即使要尽义务，现实中也很难做到。但为了逃避死亡临近带来的恐惧，为了摆脱对未来的不安，便试图忘掉自我，是不可取的行为。

原
文

　　无论是消失、离散抑或存续，在不得不解体的时候，灵魂能够从容淡定地离开肉体，那是多么尊贵的事情！可是，这样伟大而高贵的觉悟必须是出于一个人自己的判断。

（十一·三）

　　对死亡的觉悟与死亡是什么并没有关系。我们并不知道自己死后会怎么样。重要的是，无论死亡是什么，即便死后归于虚无，也不要改变活着时候的态度和姿态。

　　如果得了有可能致死的重病，千万不要因为食欲会逐渐丧失或者来日不多便暴饮暴食以寻求慰藉。

　　前面写到奥勒留将死亡视为向元素的解体，他并不确信灵魂不死，但灵魂在人死之后依然存续至少是一种可能性。相信灵魂不死，至少看上去考虑到了这种可能性，但奥勒留说这必须"觉悟"。

　　另外，这种觉悟必须来自自身的判断。只要活着就不知道死亡究竟是怎么回事。但是，无论死亡是什么都坦然接受，也无论死亡是什么都尽到自己的义务，拥有觉悟、做好迎接"必须解体时刻"的准备，这些都必须由自己来判断、决定。不是被他人催促着或者受狂热情绪驱动而主动选择死亡，而必须理性地加以判断。

珍视生命

> 要像已经死去的人一样，要像已经结束了生命的人一样，将今后的人生当作一种额外的馈赠来过，要让往后的生活顺乎自然之道。（七·五十六）

　　我曾在五十岁的时候因心肌梗死而病倒，但幸运地捡回了一条命。住院的时候，夜里睡不着，医生便为我开了安眠药。吃了之后我马上就能入睡，但一想到吃了药可能再也醒不过来，便因为恐惧无法继续服用这种药了。因此，我经常把药摆在床旁边的桌子上，冥思苦想应不应该服用。

　　不久我就顺利康复，也就不再想睡着之后不会醒来之类的事情了。白天没有检查项目时，我就坐在床上用电脑写稿子。

　　有一天，主治医生对我说：

"好好写书吧！因为书会留存后世。"

医生的话可以理解为书会留存下去，但我却不会永远存在，同时也是在跟我约定要好好康复以便能够写更多的书，所以那时我就开始在心中描绘出院后的生活。

实际上，出院后我的病情恢复良好，虽然必须限制在外面的工作，但能够每天待在家里写书。出院后的人生对我来说就是余生，如果用奥勒留的话讲就是"额外馈赠"的生命。

之后，我的健康状况进一步好转，由于知道父亲患了阿尔茨海默病，平日里我就专心照顾父亲。虽然比较难挤出时间来写书了，但也多亏了外出工作受到限制，我才能在父亲晚年之时每天陪着他，这让我觉得无比幸运。因为能够幸运地活下来才可以照顾父亲，这对我来说也是一种额外馈赠。

现在，如果有什么自己能够做的事情，我想就是写书，所以，我每天都在写稿子。

"像已经死去的人一样"活着，这话听起来似乎有些夸张，但如果抱着一种幸存于世的心态生活，就会感觉一切都那么可贵。

在恢复健康，不必太担心身体状况之后，我将每天都当作新的人生来过，常常会在一天结束的时候幸福地想"今天又活了一天"，第二天早上醒来的时候开心地想"这是生命的额外馈赠"。

从容面对死亡

原文　　没有一个人能够幸运到这种程度：在他临终之时，无人为其正遭遇的不幸感到释然甚至喜悦。即便是一个了不起的贤人，在其临终之时或许也会有人自言自语地说："我们摆脱了这位'老师'之后终于可以轻松地喘口气了吧。他倒没有苛待过我们任何一个人，但是我就是感觉他总是在无声地审视、批判着我们。"了不起的人尚且有如此遭遇，换作平凡的我们，还不知有多少人会以多少的理

> 由想要摆脱我们呢。因此，临终时如果我们想到：甚至连自己曾拼命为其付出、祈福、操心的亲友，都盼着我们离开以便从中获得某种别样的解放感，或许能够更加轻松地离开这个世界吧。如此看来，我们又何必对这个世界恋恋不舍，执着于活得更为长久呢？
>
> （十·三十六）

　　或许有人曾经历过"自己曾拼命为其付出、祈福、操心的亲友"的背叛。一想到可能有人企图利用自己，甚至有人盼着自己死掉，或许会觉得活着很虚无，继而感到绝望。

　　虽然奥勒留写的是了不起的人的情形，但他或许知道有人在无声地审视、批判着他自己。即便他被称为贤帝，能干的奥勒留也可能曾令周围的人望而生畏或者产生自卑感，或者正因为他是那样的皇帝，才令人们如此。

　　受教方即便什么都不懂也很正常，可一旦被指出错误，就算没有被当面批评说"连这样的事情也做不到吗",学生有时也会觉得老师认为自己不行。在无法取得老师期待的结果的时候,尤其会这么想。

> 原文　**不要像回到老师身边一样回归哲学。(五·九)**

　　在老师面前,人往往会觉得局促不安。同样的状态也会发生在职场的上司与部下之间的关系中。所以,不要因为害怕出错或者失败就不去面对课题,因为,从老师或上司的立场来说,指出错误不是为了责难学生或认为部下不行,而是希望他们更好地掌握知识或技能。

　　读完这段话,我想起了柏拉图在《柏拉图对话录·会饮篇》中借阿尔西比亚德之口所说的话。阿尔西比亚德非常惭愧地担心苏格拉底会不容分辩地责怪他不顾提升自身、一味忙于雅典的国事,甚至想到若是看到苏格拉底不在这个世界上时自己该有多开心。当然,这并非阿尔西比亚德的本心。阿尔西比亚德所讲述的心情或许正是柏拉图自己年轻时候的感受。

就死者而言，知道有人希望自己死掉，这肯定不是一件令人高兴的事情。因为有人希望自己死掉便不再执着于留在这个世上，这或许也不能说是面对死亡的正确态度。

对此，奥勒留接着写了下面这段话。

> **原文** 但是，不要因此就减少对他们的善意寂然离去，要保持自己固有品质，依然友善亲切待人，要从容淡定地离开这个世界。必须要像安然离世者的灵魂轻松脱离肉体那样，恬静平和地与他们分别。因为，是自然把你与他们结合在一起，而现在也是自然要将你们分开。我就像离开亲属一样离开人世，但却并非是被生拉硬拽地拖开。因为，死亡也是一种自然规律。（十·三十六）

知道有人希望自己死掉之后，临终之时为此烦心也没有用。奥勒留说在向他们吐露自己的感受时，依然要保持友好。

奥勒留认为自然将自己与那些不觉得自己好的人结合在了一起。就像"怨憎会苦"（不得不与怨憎者相遇所遭受的苦）一词所指的那样，人的周围未必都是支持自己、觉得自己好的人。这或许也是自然的一种安排，没有必要到临终之时还为此心烦。

想来，这不仅仅限于临终之时，而是一种随时可以获得的精神状态。就像前面已经看到的那样，奥勒留将敌人也视为自己的同类，继而宽恕了他们。

奥勒留上面那段话的最后部分并不是说离开那些认为自己不好的人，而是写死亡本身。在希腊语中，"灵魂"有"蝴蝶"的意思，奥勒留要说的是，不是被强迫，而是灵魂如破茧蝴蝶一样轻松地离开这个世界。

活着就有价值

前面我们分析了奥勒留关于死亡的观点，但他也说了一些我难以认同的内容。

原
文

> 必须考虑的并不仅仅是人生一天天消耗，剩下的时日逐渐减少，还必须考虑即便能活得更久，我们是否能够更好地理解事物，更耐心地探知神与人。
>
> 因为，即使人开始年老昏聩，呼吸、消化、思考、欲求及其他方面的功能也不会消失殆尽，但在充分发挥自身作用、恪尽应尽之义务、缜密分析所见之表象、是否应该结束自己生命之类需要极强思考能力的事情上，相应的深思能力会先行消退。
>
> 所以，必须明白"时不我待"的道理。这不仅因为我们时刻在走向死亡，还因为我们洞察理解事物的能力在消退。（三·一）

比起死亡的逼近，奥勒留更害怕自己丧失判断能力。

前面已经讲过，奥勒留认为生和死都属于无记之物，但真的无法判定生和死的善恶吗？在这一点上，我与奥勒留的观点不同，我认为有必要将生视为绝对的善和有价值之事。

如果不这样想，活着就失去了价值，有时甚至还会被认为是一种恶。很多人认为如果不能做些有意义的事情，活着就没有价值，但什么才是有价值的呢，又由谁来对此做出判断呢？需要思考的问题有很多。

前面已经分析过，人人都渴望幸福。有人觉得为了获得幸福必须要成功，持这种想法的人往往认为价值在于生产力，也就是说，能够做事才有价值。因此，他们一般早早便致力于各种备考。

问题是并非人人都能成功。有时候，无论再怎么努力都未必能够进入理想的大学或公司。或许不如意的事情反而多一些。

是不是不能成功就无法获得幸福？并非如此。也有人明明非常成功却丝毫感觉不到幸福。

为什么会这样呢？因为这些人只从生产力方面去寻求人

的价值。为什么不可以认为仅仅活着就有价值呢？刚出生的孩子什么都不会做，但大家认为孩子仅仅存在就非常可贵了。这是孩子的情况，那一旦成了大人，仅仅活着就不再有价值了吗？

我认为，无论是谁，活着就有价值。年幼的孩子仅仅活着就有价值，那没有理由不认为大人也是一样。

人们悟透这个道理一般是在家人生病的时候。如果突然听到家人因生病或事故住了院，会不顾一切地先奔向医院。那时候也许会想，无论家人病情多么严重，只要活着就好。

我因心肌梗死住院的时候，一开始觉得自己因为生病住院不能工作而失去了价值。不过，后来我觉得，若是在家人或朋友住院时能够感到活着就非常可贵，那是不是可以认为自己也是一样的。

在照顾或护理父母的时候，我曾觉得只要他们还在呼吸、依然活着就非常可贵。如果将活着这件事本身视为出发点，那对任何事情都会觉得可贵。

因为生病或年老而什么都做不了的人，是不是就没有活着的价值呢？并非如此。人在什么都做不了的时候往往会断定自己不再有活着的价值，继而不愿再接受延命治疗，不想再麻烦家人。

奥勒留似乎很害怕自己的判断能力衰退，好像也认可在什么都无法判断之前结束性命之类的做法，我觉得这很有问题。

> 原文　**不要羞于接受他人帮助。**（七·七）

这在前面已经引用过了。奥勒留说为了完成战场上的任务，不要羞于接受他人帮助，为了完成活着这件事，也应该坦然接受他人帮助，没有必要认为这是一种烦扰。

不仅仅是对自己，如果在他人需要依靠延命治疗活着时，判定其没价值更有问题。即便是没有当面那么说的人，如果很多人都认为卧病在床依靠家人照顾活着很不好的话，那个人也很难对抗这种社会共识。

人类的价值不在于能够做什么事，而在于活着本身。能够抱持这种想法的人，在年老、生病，逐渐抑或是突然不能做事的时候，或许就不会觉得自己失去了价值。当今时代，即便"价值就在于能够做事"这样的观点占据主流，我们也有必要对此提出质疑。

有的人否定因为觉得自己给人添麻烦就自杀的做法，而有的人却因为不愿给人添麻烦而选择安乐死、尊严死，这实在有些令人痛心。

我认为"不可以给人添麻烦"的想法是错误的。必要的时候必须寻求他人的帮助。就像奥勒留所言，没必要羞于接受他人帮助。

总有一天自己也会需要他人的帮助，所以现在自己就要主动帮助他人，这么想也可以，但是我认为在照顾或护理病人的时候不必持这种"give and take"的想法。不是没法为他人提供照顾或护理的人，以后就不可以接受他人的照顾或护理，只要有能力者为需要照顾或护理的人提供力所能及的帮助就可以。

有的人因为无法再感受到活着的价值而结束生命，那是个人的选择，所以别人无法对此加以批判，但我总是担心这种观念会普遍化。

　　奥勒留认为遵循自然之道而活是人的义务。为此就需要正确发挥理性的作用，但人的义务也包括与他人构筑恰当关系。

　　奥勒留还说，人是为了协作而生。通过活在与他人的关系中、与他人合作而做出贡献，无论是刚出生的孩子，还是病人、老人都能够做到这点。倘若如此，就没有必要因为认知能力的衰退而在自然死亡之前结束自己的生命。我认为这种做法或许就是放弃了与他人构筑恰当关系的义务。

Chapter 12

活在当下

若是明白人生终有尽
或者是
意识到死亡存在的人，
一般都想过
死亡这个无法绕开的问题。
本章就来思考一下
如何才能在有限的生命中
活得充实。

~

一切皆无常

原文　　流动和变化令宇宙不断更新，正如这无休无止的时间流逝，在时常更新着无限的时代一样。（六·十五）

宇宙及存在于其中的人都在不断变化。一旦得知自己患了危及生命的重病，或者经历自然灾害，之前的生活节奏会突然被打乱，原以为理所当然会到来的明天也变得不可预知。

前面说了克列欧毕斯和比顿兄弟俩母亲的故事，她向神祈祷，赐给自己孝顺的儿子们"人所能得到的最好的东西"。结果，她的两个儿子在神社中睡去，再也没有醒来。

不知道这位母亲是否会将儿子们的死亡视为神的恩赐。从中不难看出，神赐给她孝顺儿子们"人所能得到的最好的东西"就是死亡。即使一时得到幸福，也会担心失去。如果担心失去，就时刻无法安心。倘若如此，还不如冻结幸福，将之永久保存。这样想的时候，就能够将夭折看作是神的恩赐。

若是在幸福中离去，幸福就不会被之后可能经历的不幸消磨掉。就算有人觉得死亡本身很可怕，但比起不知道以后会发生什么，还不如结束在最幸福的当下，也并非不可思议。

即便不是前面克列欧毕斯和比顿兄弟俩那样特别之例，很多人也曾深切渴望过某一时刻的幸福可以永远持续吧。可是，即便那么渴望幸福，谁也不知道明天究竟会如何。今日关系亲密的两个人明天也许就会闹掰、分手。

但是，将夭亡视为神之恩赐的人或许想要冻结并永久保存幸福。处在最幸福时刻的人如果就此离去，便不会遭受之后可能经历的痛苦，能够在幸福中离去。

可是，死亡未必会按照神的指令适时到来。在希腊悲剧中，如果故事发展遇阻，作家有时就会搬出"机械降神"（deus ex machina）[1]、让主人公死亡之类的方式解决问题，但在现实中没有那么简单。即使人生陷入困境，也必须继续生活下去。

当然，也不是束手待毙就好。就像前面看到的那样，事情分权限之内和权限之外，也就是分力所能及和力所不及的事。并非所有的事情都是人力所不能及的，如果认为那些能够依靠自己的力量可以改变的事情也没有改变，这也是一种问题。

不仅仅是人际关系或灾害之类外在发生的事情，衰老或生病也是一种变化。随着医学的进步，一些过去治不了的疾病现在能治愈了，但衰老依然是不可逆转的现象。谁都无法

---

1   编者注：deus ex machina 来源于古希腊戏剧，扮演神祇的演员借助机械装置出现在舞台上。当剧情陷入胶着时，让拥有强大力量的神出现，将难题解决，或者制造出意料之外的剧情大逆转。

逃脱这个不可逆转的变化。

　　不过，很少有人将衰老仅仅看作一种变化，似乎很多人都将之理解为一种衰退。变化就是变化，如果不对其附加主观判断，就能够坦然接受。然而我们已经在前文中看到，奥勒留也无法将这种衰老仅仅视作一种变化。

活在忘却中

> 原文　　一切都如梦幻泡影，转瞬即逝。记忆者和被记忆者皆是如此。（四·三十五）

　　一切事物都会变化，在这种永无止息的变化中，一切事物都会被忘却。恐怕奥勒留不会想到《沉思录》会被当今时代的人们阅读吧。

原文

> 那些醉心于死后名声的人，恐怕根本意识不到记住他的人及他自己很快就会死去吧。
>
> （四·十九）

或许奥勒留既不相信名声不朽，也未曾期待过自己死后会流芳百世。

原文

> 多少曾备受赞扬的人如今都已经被遗忘，并且多少曾大力赞扬他们的人也已经离开了这个世界！（七·六）
>
> 也许很快你就会忘掉一切，并且可能你的一切也很快就会被忘记。（七·二十一）

虽然谁都不知道死亡究竟是什么，但在活着的当下能够知道的是，对自己来说，他人的死就是"不在"。也就是说，如果活着，若是想要见面，无论住在多么遥远的地方都能相见；如果死了，那即使穷尽办法也无法再相见。这是他人的死。自己的死是怎么回事，活着就无从知晓，但他人的死就是这种"不在"。无论死亡是什么，它无疑都是一种分别。

很多人担心以后不会再有人记得自己曾经活过。即使自己从这个世界消失，世界依然会若无其事地照样运转。如此一想，死亡确实很可怕。

重松清的小说中有一个因癌症去世的女子的故事（《那天之后》）。她写了一封信，拜托护士在自己死后转交给丈夫。这个妻子死后，丈夫收到了那封信。信中这样写道：

"你可以忘掉我哦！"

我想起这个故事的时候，将自己置于小说中这个先丈夫而去的妻子的立场上，觉得完全能够理解她对丈夫说可以忘掉自己的做法。

即使对方告诉自己可以忘记，也有人永远无法忘记已故之人。尤其是经历了孩子夭折的父母会更加悲伤，很难被治愈。

之所以必须治愈悲伤，是因为人不能一直将自己困在过去，必须朝前看，继续生活下去。不过，并非不忘记故去者就无法继续生活。

有时候，即使不想忘记，也很快不再想起已故之人。但是，就像前文写到的一样，死者不仅仅是从这个世界消失了，他们会永远活在我们心中。如果能够认识到这一点，源自丧失感的悲伤很快就能转化成喜悦。

失去的唯有现在

原文

即使能够活上三千年，甚至三万年，你也应该记住：人所失去的，只是他此刻拥有的生活；人所拥有的，只是他此刻正在失去的生活。因此，生命的长短没有什么不同。此刻对于所有人都是一样的，那正在失去的也一样。所以，我们失去的不过是单纯的瞬

> 间。人无法失去过去和未来。谁能将一个人
> 本就没有的东西夺走呢？（二·十四）

　　一想起那些夭亡者，人们往往就会感到无比可惜或者遗憾。但是，奥勒留说，无论活多长时间，人所失去的，只是他此刻拥有的生活，此刻对于所有人都是一样的。

　　时间只是点的汇集，并没有长度。这里再来看一遍前面已经引用过的一句话：

> 原文　人的一生只是一个点，存在是流动的。（二·十七）

　　人们在日常生活中会说"很长时间"，但时间并没有长度，所以谈论人生时其实不能说长寿或短命。

　　人们有时会算一下已故者的岁数，看看那个人若是还活

着，现在应该是多少岁。但是，即便生者觉得那是一段很长的时间，故去之人其实也不在时间之中了。

在英语中，会采用"She has been dead for ten years"之类的说法。翻译过来就是"她死了十年了"的意思。但死者的世界并没有时间概念，所以即便那个人死了很长时间，对死者来说也是一瞬。

活得没有时间概念时，很难形成经历。但是，当工作没完没了，而你一心盼着完成时，若是有一瞬感觉很愉快的话，那便是活在了无时间概念的状态之中了。

我做过冠状动脉搭桥手术。手术进行了很长时间，这是一个大手术，是在全身麻醉状态下进行的，需要让心脏暂停跳动，连接到人工心肺装置，所以我根本不记得手术期间的事情。更准确地讲，对我来说，手术期间的时间根本不存在。在从麻醉中醒来之前，我处在没有时间概念的状态中。如果是沉睡，身体的一部分还醒着，所以会有睡了很长时间的感觉，但处于全身麻醉状态之中时，时间就完全不存在了，犹如幕布突然落下。

奥勒留认为同样的道理也适用于生者。

> 原文　　**每个人所拥有和失去的就只有当下。（十二·二十六）**

> 原文　　　　**还要记住：每个人的生命都只存在于瞬息般的当下。在这之外都是已经结束、永不复返，或者难以预料、模糊不定的东西。（三·十）**

　　过去已经结束、不复存在。谁都不知道未来会如何，从这一意义上来讲，未来也是"模糊不定的东西"。即便想象明天会发生什么，也绝不会事事如己所想。人只能活在"瞬息般的当下"。

> 原文　　　　**回首观望，时光张着大嘴；向前观望另一个永恒。在这样的永恒之中，刚出生三天**

> 的婴儿和历经三代人、活了很久的老人之间
> 又有什么不同呢？（四·五十）

后面是指过去，前面是指未来。历经三代人、活了很久的老人是指荷马《伊利亚特》中出现的特洛伊战争中的希腊勇将内斯特。过去和未来都只是无边无际的深渊，刚出生的孩子和历经沧桑的老人能拥有的也只是"现在"，因此，活多长时间并不是问题的关键。若是从无限来看，百年岁月仅仅是一瞬间。

人生短暂

再来看一下刚开始曾引用过的奥勒留的话：

人的一生只是一个点，存在是流动的，感觉是模糊的，整个肉体组织是容易腐朽的，灵魂是旋涡式的，命运是莫测的，名誉是不可靠的。总之，肉体方面的一切都如不断流动的河流，灵魂本身也不过是幻梦、妄想。人生是一场苦战，也是旅人的短暂逗留。所有的名誉亦终将被后世遗忘。（二·十七）

即便是万物流转，人生难料，人生中所要经历的事情也不会转瞬结束。纵使一切终将被忘却，就如奥勒留所言，人生是一场苦战，不会轻轻松松就过去，也不会凡事皆一帆风顺，活着是一件辛苦的事情。

有人会将转瞬即逝的人生比喻成"梦"。哲学家森有正引用过"一位七十多岁老人"的肺腑之言：

"七十年！像梦一样过去了！只剩下年轻时难忘的回忆。人们常说青春短暂，岂止是短暂，简直是转瞬即逝。"（《在

巴比伦河畔》）

森有正说"我认为这位老人的话是其真情实感的流露"，或许有的人确有同感。关于"像梦一样"这一说法，福永武彦说：

"像梦一样这种说法恐怕是人类自古以来经常使用的，或许是为了表示时间飞逝吧。"（《像梦一样》）

福永武彦说人生这种如梦般的部分只不过是"燃烧完的时间灰烬"。

"这种灰烬时刻都在冷却、消失、被遗忘、随风而散，之后一无所剩。"（《像梦一样》）

所以，福永武彦在《像梦一样》中说，"像梦一样"这种表达方式也表示了人生的虚幻无常，他还引用了织田信长出征桶狭间前所跳的幸若舞《敦盛》[1]的台词：

"人间五十年，与天地之长久相比，犹如梦幻。"

"人间"即"人世"的意思。上面这首诗的意思是说人

---

1 编者注：幸若舞是日本的一种民俗艺术，类似于西方的歌剧。《敦盛》是其中的名篇，讲述了发生在战争期间的悲剧故事。

世五十年跟天地的时间流动相比犹如梦幻。

"只要真正悟透人生就是一场梦这个道理，即便不是织田信长那样的人物，也会毫不畏惧人世之事。"（《像梦一样》）

> 原文　"要不断地思考自己之前遇到了多么多的变化。宇宙即变化，人生即意见。"（四·三）

奥勒留似乎也是说要明白在不断变化的世界中，是自己在制造苦恼，诸事皆"像梦一样"。

珍惜每一天

> 原文　将所有的事情都当作生命中最后的事情去对待。（二·五）

在《沉思录》中，奥勒留还更具体地说："无论遇到什么事情，都要像即将从容离开这个世界的人一样思考、讲话、做事。"

年纪一大，有时心头会涌现出"今年可能就是最后一次赏樱花了，不知道明年还有没有机会"之类的想法。一读《沉思录》，势必会感到人生无常，但奥勒留所说"像即将从容离开这个世界的人一样"，活着的要点在于尽力做好当下能做的事情。正因为剩下的时日有限，不知道什么时候就会结束这短暂的人生旅途，奥勒留才会说：

> 原文
>
> 我尽我自己的义务。其他的事情不会分散我的精力。（六·二十二）
>
> 你理应有这番惩罚！因为，你宁愿将希望寄托于明天，也不去尽力使今天变得更好。
> （八·二十二）

奥勒留并未写明"这番遭遇"是什么，但"变得更好"也只是指尽力使今天变得更好。

有时候，即使自己的所作所为伤害了别人，自己的形象因此受损，也会想着明天再去修复关系，继而今天什么都不做。纵使想着明天会更好，明天也有可能永不再来。即使明天如期而至，也有可能因为某些事情而失去改善关系的机会。

大家会不会找各种理由拖延人生呢？我有时会这样。明天能做的事情明天做，今天能做的事情今天做，这也是一种观点，但问题是谁都无法保证明天一定会到来。

至少我们可以去做今天能做的事情，以便更好地迎接明天。有时候虽然心里想着必须得做作业或写报告，但却迟迟无法着手去做。如果是我的话，我会不断地写稿子。有时候，即使有时间限制，也总是无法开始写。即便什么都不写，因为一直在思考写什么，所以也不是什么都不做。心中特别着急、焦虑的时候，虽然理论上在自己规定的日期之前可以不动笔，但只要试着稍微写一点，就能更好地迎接明天。到了明天，再试着稍微写一点。一旦这样不断积累，便会发现不知不觉就能写出很多稿子了。

活着也是一样，一旦不再想着等到明天，而是着手去做今天能做的事情，那么虽然不知道明天会怎样，人生也会发生变化。总之，不要认为明天的到来是理所当然。

我知道一位作家，因病只能卧床写作。他会将稿纸放到枕边，在床上趴着写文章。写作的时候，他能够忘记肉体的痛苦。刚开始，他一天只能写两三行，即便如此，他还是每天都写，不知不觉间他发现自己已经写出相当厚的稿子了。

他说自己在稿纸上写出绞尽脑汁想到的语言，并将其像马赛克一样组装、积累起来。

人生的稿纸或许也是这样不知不觉地积累起来的吧。不是为了逃避痛苦或恐惧死亡而什么都不想地得过且过，而是像奥勒留所言，即便身处痛苦状况之中也尽力完成"义务"，这才是活在当下，而非只顾眼前的享乐主义生活方式。

> 原文　　　人格健全是指把每一天都当作最好的
> 一天去珍惜，不过激、不麻木、不伪饰。
>
> （七·六十九）

　　无论接下来的人生路是一马平川还是崎岖不平，都不自暴自弃，也不因倦怠而麻木，即便不知道明天会如何，也去做今天可以做的事情。

　　若因为觉得今天是最后一天便刻意让自己看上去很好，这也不对。以前做冠状动脉搭桥手术的时候，主刀医生曾对我说："可以不用保持笑容哦。其实会害怕吧？"听医生这么说之后我才意识到，由于自己觉得在手术前也应该保持平静，便极力通过这种方式让自己看起来很好。即使医生对手术成功很有信心，实际上也不知道结果究竟会如何。在那样的状况下，刻意让自己看上去很好并没有什么意义。

　　意识到可以忠实于自己的当下感受之后，我诚实地对医生说"我害怕"，结果内心的紧张反而得到了缓解。

现在就开始

> 原文
>
> 看透了现在的人，也看透了遥远的过去和无限的未来。因为，一切事物本质上都是同类同源。（六·三十七）

"过去"无限遥远，"未来"无限恒久。奥勒留说如果看透了"现在"，也就看透了过去和未来

因为，"一切事物本质上都是同类同源"。斯多葛哲学认为一切皆已注定，同样的事情会循环往复。

虽然我很难理解这样的观点，但若是从人会反复犯同样的错误这个层面上来讲的话，倒是可以理解。

山本有三有一部小说《波浪》，其中一个角色面对不断涌来又破碎而去的波浪表达了下面的意思。

即便我们这些父母不想让孩子再吃自己曾经吃过的苦，孩子们依然会轻视父母一生所积累的经验和教训，就像不

断涌来的波浪一样，人们几乎是亘古不变地重复着相同的错误。

"人类自诞生以来，不知道已经过了几万年甚至几十万年，但唯独在这个方面，似乎一点儿都没有进步。自然的进程虽说缓慢，但是不是也太缓慢了呢？抱有我这种想法的人是不是有些急躁呢？"（《波浪》）

那仅仅是父母一生的经历，他们并没有从中学到什么。看着孩子做着跟自己年轻时一样的事情，即使为其焦急，由于自己也没有从人生经历中学到什么，所以无法给孩子出主意。

有的人即使想跟伴侣好好相处，依然因重复某一相同的错误而分手。反复犯同样的错误，跟对方是谁无关。无论对方是谁，自己还是会重复同样的错误。于是就会出现同样的结局。

若是那样，虽然知道应该选择与以往不同的做法却害怕做出改变的人，即使能够预料到结果也不愿改变对策。一旦对方离开自己，就会消极地认为这是命运安排。

相反，有的人能看清当下的全部，并据此悟透一切。无论积累多少经历，不会学习的人依然什么都学不到，但也有人仅仅经历一次就能学到很多。

事实或许是并非不会学，而是不想学。明明知道如果采取同样的做法就会产生同样的结果，但还是忍不住地重复之前的做法。

我们无法活在过去或未来。可是，人往往想到过去就会后悔，想到未来就会不安。

育儿和照顾父母可以说是最容易令人产生遗憾的事情。无论你与父母或者孩子之前的关系多么恶劣，那仅仅是不懂得如何构建关系而已，只要从现在开始努力改善关系就可以了。

倘若因未来而焦虑，未来就会改变，那或许可以焦虑，但如果焦虑不安也无法改变未来，那就不要再为将来的事情感到不安了。若孩子不去上学，那就与当下没去上学的孩子搞好关系。

不试图去做非权限之内、自己根本无能为力的事情，就能够获得自由。过去和未来都不在自己权限之内。过去的事情已经不存在了，所以根本无法回到过去。而未来尚未到来，所以当下也对其无能为力。因此，追悔过去和焦虑未来都没有任何意义。

> 原文
>
> **不要为将来而烦忧。（七·八）**

> 原文
>
> 倘若抛却过去，看淡未来，以虔诚和正义的心对待现在，那么，你辗转寻求的一切，立即就能得到——只要你自己不拒绝你自己。
>
> "保持虔诚"是为了热爱自己被赐予的命运。因为，是自然将命运交付给你，同时也将你交付给命运。而"遵循正义"是为了保持自由与诚实，行事合乎于法，符合其自身价值。（十二·一）

　　"你辗转寻求的一切，立即就能得到——只要你自己不拒绝你自己"，这句话的意思可能比较难理解。

就像前文说的那样，谁都渴望幸福。有人会说自己现在不幸福是因为过去的痛苦经历。另外，有人认为要想幸福就必须实现些什么，比如取得成功。这样的人会觉得因为还有很多事情没有实现而不幸福，他们还会担心很多事情能否实现。

但是，无论过去发生了什么，即便不知道将来会怎样，即使什么都没有实现，如果"抛却过去，看淡未来"，"不拒绝"现在的幸福，不"辗转寻求"，也就是不后悔或不安，那就能够即刻获得幸福。

有时候，明明自己有想要做的事情，也会搬出种种理由，始终不愿着手去干。这种情况下，所谓"自己不拒绝"就是指不要一开始就觉得不可能。必须丢掉"别人能做到，但我做不到"之类的怯懦想法。

当然，不是仅仅依靠决心就能够得到自己想要的东西，但比起因为觉得做不到而不愿着手去干，什么都不做才是更大的问题。一旦开始做些什么，就能够朝着某个地方前进，但如果不踏出第一步，就哪里也去不了。

　　为了下定决心去做些什么，首先必须抛却过去。即使之前的人生没怎么学习，现在追悔莫及也无济于事。

　　其次，虽然不知道未来会怎样，但依然应该尽力做一些能够做的事情。

　　有时候，无论怎么努力，外在条件依然会阻碍自己实现愿望。虽然令人遗憾，但我们必须明白这一点。不过，以此为理由放弃现在的努力也很不可取。

　　看淡未来，将其交给命运，并不是说什么都不做。我曾经读到过这样一段话：

　　"不要为明天的事情烦恼。因为，明天自有明天的烦恼，今天承担今天的辛苦就足够了。"

　　抛却过去，虽然不知道未来会怎样，但也只能做现在能做的事情。这里奥勒留指出了"以虔诚和正义的心去对待现在"这样的条件。有些事情，即便再怎么期待，也不会实现。并不是说现在什么事情都可以做，而必须基于虔诚和正义的心去行动。

> **原文** 　　**人生短暂。要保持理性与正义之心，不可以让当下荒废。**（四·二十六）

　　属于自己的无非是当下的每一个瞬间，从这个意义上来讲，人只能活在当下。不过，奥勒留并不是说因为明日莫测难料所以就要尽情享受今日这个当下，而是说我们必须基于正义与理性认真思考怎么才能看淡未来，活在当下。

> **原文** 　　**既要轻松自然又要保持节制。**（四·二十六）

　　虽说要活在当下，但奥勒留并不是说要活得紧张拘谨。保持正气，就好比不喝酒时的正经状态。不要莽撞懵懂地活着，有时候，即便身处苦难之中，也要懂得适度放松，但同时又必须认真生活。

Chapter 13

超越《沉思录》

虽然前面围绕多个主题
阅读分析了《沉思录》，
但对于奥勒留所说的观点，
我并不能悉数赞同。
我在前文个别地方已经写过了，
奥勒留的哪些观点我不能同意，
以及为什么不能同意，
但在本章我还是想要指出一些
我认为应该特别关注的点。

~

看清权限之内的事情

要分清自己力所能及和力所不及的事情，辨别自己的力量能达到哪里，一方面，对于那些非己力所能及之事，不要强求改变；另一方面，对于那些力所能及之事，要尽己所能。

如前所述，斯多葛哲学将这种力所能及和力所不及的事情分别用"权限之内"和"权限之外"来形容。对于那些不在自己权限之内、力所不及、无法掌控的事情，也试图想方设法去完成或实现，这有问题，但反过来讲，若是能够掌控却轻易放弃的话，那更有问题。奥勒留不是主张在不看清是否属于自己权限内之事的情况下，面对任何事情都让步、退却甚至放弃。

这个世界上有很多非自己权限之内，也就是自己无法掌控的事情。自己无法决定什么时候、在哪里出生。人被偶然地带到这个世界，然后再被偶然地从这个世界上带走。

在从生到死的过程中，人不能像梦一样地活着。谁都无法一个人独自生存，所以势必要以某种方式与他人打交道，但与某些人打交道，有时会觉得厌烦，甚至产生摩擦并因此受到伤害。所以，也有人想要逃离堪称烦恼之源的人际关系。

但与此同时，还有一个不容忽视的事实——生存带来的喜悦和幸福也恰恰存在于跟他人之间的联系之中。奥勒留将与他人相联系视为人的本质。

人人都无法避开的不仅仅有人际关系，还有生病、衰老、天灾人祸之类的事情。因此，看似是这些外在困难阻挡了人生去路，使人陷入不幸。但前面我们已经分析过了，外在事物并不会使人陷入不幸。尽管如此，倘若人生短暂但却历经磨难，那么人就势必认为活着很辛苦，而不会感到人生有苦也有甜。

那些不愿面对这辛苦人生，什么也不想地沉溺于当下之事，试图通过这一方式打发日子的人，必须摈弃一些不当做法，比如，面对是权限之内的事情却一开始就畏难退缩、没有信心，又或者遇到较难解决的问题就束手待毙，不做任何努力。

生存的两歧与历史的两歧

社会心理学家艾瑞克·弗洛姆将人无法绕开的困难分为"生存的两歧"和"历史的两歧"。

前者是人只要活着就势必要面对的困难。弗洛姆在《自我的追寻》(*Man for Himself*)中说:"人只能接受与生存相矛盾的死亡。"两歧(dichotomy)是指人活在生与死之类的矛盾中,这是源于人之本质的困难,所以称之为"生存的两歧"。

弗洛姆还指出了不同于这种存在的两歧、个人生活或社会生活中存在的问题。这是由人制造出来的困难,因此,可以在其发生时或发生之后去解决。

随着科学技术的进步,人类的生活方式发生巨大改变,之前不可能的事情变得可能,曾经的很多不治之症现在也有了治愈的可能。得益于科学技术进步的人类已经无法退回到过去。

但是,这种强大的技术也不仅仅被用来维护人类的和平与幸福。现代人活在一种矛盾之中,一方面拥有可以帮助人们获得物质满足的丰富技术手段,另一方面又不能只将这些技术手段用于追求和平与人类幸福。核武器可以在一瞬间摧毁城市；核电站事故一旦发生，人们就无法在周边地区继续生活，放射性物质造成的污染会一直持续。弗洛姆将这种现代的矛盾与前面看到的"生存的两歧"相比较，称之为"历史的两歧"。

"历史的两歧"与人类生存所不可避免的"生存的两歧"不同，它并非必然性的矛盾，所以，即便很耗时间，但却能够解决。也可以说，正是试图解决这种困难的意愿促进了人类的进步。可是，明明能够解决，或者说必须解决这类问题，但在面对困难时什么都不做，弗洛姆说这是因为缺乏勇气和智慧。

那些在困难面前什么都不做的人，往往会将生存的两歧和历史的两歧混为一谈，试图证明那些本来能够解决的问题无法解决。那样的人一般会认为"不可能有不可以存在的事情"。无论发生多么不合理的事情，他们都会认为既然发生了那就可以存在的事情。接下来，他们会试图将发生的事情理解为悲剧性命运，并默默接受。一旦这么想，就不会去努力解决问题，继而谁都不愿为战争或核电站事故造成的危害负责。

有能做之事

如果回到奥勒留的观点，那就需要认真分清能做到的事情和不能做到的事情。长生不老或者不死不灭是人类力所不及之事，但面对个人问题时，有时人们也从一开始就断定无法做到，也丝毫不去努力。

举一个关于个人的例子：上了年纪也可以尝试学习一些新东西，但人们往往会立即搬出做不到的理由，很多人会说没有了年轻时的记忆力。但是，倘若与学生时代一样拼命学习，那肯定也能学得差不多，可很多人担心拼命学习之后得不到自己期待的结果。

当然，并不是努力了就一定能得到想要的结果，但不要因为害怕面对结果而什么都不做。如果是在努力的基础上接纳结果，就可以继续迈出下一步。

就社会层面的事情而言，也有能做到和不能做到之分。在地震或海啸中瞬间失去家人之类的事情，是人们难以承受的痛苦，但人们无法防止此类灾害发生。准确预知地震发生，目前似乎很难做到。

但是，如果人类不建造核电站，就不可能发生核泄漏事故之类的灾难，面对这种人祸导致失去家园之类的事情，就不应该逆来顺受。如果用弗洛姆的话来讲，这就是"历史的两歧"。对于这样的事情，绝不能认为"不可能有不可以存在的事情"，继而将发生的事件视为命运，束手待毙，不做任何努力。

即便奥勒留不是说无论发生什么事情都必须逆来顺受，但我们在阅读《沉思录》的时候也可能产生那样的误解。

虽然奥勒留普遍否定愤怒这种情绪，但也有一些必须愤怒的情况。虽然个人化的冲动、情绪化的暴怒没有好处，但我们需要守护社会正义，大胆指出那些错误的事情。

这时候人所抱有的情绪往往被称为理性的"公愤"。战争会使人无法遵照自然之道而活。对于阻碍自然之道的人或权力，必须毅然决然地加以声讨。

就这一点而言，倘若执政者倡导人们不要愤怒或者忍受苦难，那就有问题了。虽然奥勒留说不管身处何种逆境，都要保持坚韧不屈的信念，绝不能迷失自我，但他终究是自己主动要保持那种坚强，而不是受他人劝说或游说。

不可忘掉自我

说到迷失自我，有时候，人为了逃避生活中的痛苦或对死亡的恐惧（用前面提到过的弗洛姆的话讲就是"生存的两歧"），往往会选择没心没肺地得过且过。

对此，奥勒留说：

原文　　只可以因一件事情感到喜悦与安心，那就是：在从一个社会行动到另一个社会行动时谨记神之旨意。（六·七）

不仅仅限于政治，工作以及任何一种对人类有益的行为，本质上都是"为共同体做贡献"，为他人做贡献。

"坚持不懈地为共同体做贡献"是指始终致力其中。从前文中已经看到了，奥勒留说人必须尽到各自的义务，但或许奥勒留有时也会惧怕死亡，也懒得探求这虚幻人生的意义，可能还想要摆脱作为皇帝须得承担的工作。对共同体的贡献也许未必是指狭义的工作，奥勒留这位日理万机的皇帝在一个人写笔记的时候，或许会忍不住地吐露心声，享受写作所带来的轻松惬意。

我们必须思考哲学的终极问题——为什么人终有一死还必须认真活着，人生的意义是什么。为此，正如奥勒留所言，我们需要审视内心。

但是，并不是说只要获得心灵的平静就好，若只一味关注内心、对外部发生的事情毫不关心也不行。高中时我的伦理社会课老师在第一堂课上所说的话，我至今记忆犹新。老师说不可以一味只关注内心，否则就会不知不觉作茧自缚、失去自由。

审视内心，是指倘若因忙于日常生活而看不清自己身处何种状况，首先要认清状况，然后再驻足静思应该做什么、能够做什么。前面已经分析过了，不可以只是追认现状。实践哲学也必须是懂得静观的哲学。

图书在版编目（CIP）数据

　　岸见一郎解读沉思录 /（日）岸见一郎著；渠海霞
译. — 广州：广东人民出版社，2024.4
　　ISBN 978-7-218-17346-7

　　Ⅰ.①岸…　Ⅱ.①岸…　②渠…　Ⅲ.①斯多葛派—哲
学理论—研究　Ⅳ.①B502.43

中国国家版本馆CIP数据核字（2024）第037206号

广东省著作权合同登记图字：19-2024-045号

『マルクス アウレリウス「自省録」を読む』（岸見一郎）
MARCUS AURELIUS「JIISEIROKU」WO YOMU
Copyright © 2022 by Ichiro Kishimi
Original Japanese edition published by SHODENSHA Publishing Co.,Ltd., Tokyo, Japan
Simplified Chinese edition published by arrangement with SHODENSHA Publishing Co.,Ltd. through
Japan Creative Agency Inc.

岸见一郎解读沉思录
ANJIANYILANG JIEDU CHENSILU
[日] 岸见一郎 著　　渠海霞 译　　　　　版权所有　翻印必究

出 版 人：肖风华

责任编辑：钱飞遥
产品经理：周　秦
责任技编：吴彦斌
监　　制：黄　利　万　夏
营销支持：曹莉丽
特约编辑：路思维　杨　森
版权支持：贾　超
装帧设计：紫图图书ZITO®

出版发行　广东人民出版社
地　　址：广东省广州市越秀区大沙头四马路10号（邮政编码：510199）
电　　话：（020）85716809（总编室）
传　　真：（020）83289585
网　　址：http://www.gdpph.com
印　　刷：艺堂印刷（天津）有限公司
开　　本：880mm×1230mm　1/32
印　　张：8　字　数：120千
版　　次：2024年4月第1版
印　　次：2024年4月第1次印刷
定　　价：69.90元

如发现印装质量问题，影响阅读，请与出版社（020-85716849）联系调换。
售书热线：（020）87716172